# CONTRATO DE FACÇÃO E O DIREITO DO TRABALHO

Freitas Bastos Editora

LARA MARCON

# CONTRATO DE FACÇÃO E O DIREITO DO TRABALHO

Distinções entre: contrato de facção e terceirização

Freitas Bastos Editora

*Copyright © 2022 by Lara Marcon*

Todos os direitos reservados e protegidos pela Lei 9.610, de 19.2.1998. É proibida a reprodução total ou parcial, por quaisquer meios, bem como a produção de apostilas, sem autorização prévia, por escrito, da Editora. Direitos exclusivos da edição e distribuição em língua portuguesa:

**Maria Augusta Delgado Livraria, Distribuidora e Editora**

**Editor:** Isaac D. Abulafia
**Diagramação e Capa:** Madalena Araújo

**Dados Internacionais de Catalogação na Publicação (CIP) de acordo com ISBD**

| | |
|---|---|
| M321c | Marcon, Lara |
| | Contrato de Facção e o Direito do Trabalho / Lara Marcon. - Rio de Janeiro, RJ : Freitas Bastos, 2022. |
| | 108 p. : 15,5cm x 23cm. |
| | ISBN: 978-65-5675-200-6 |
| | 1. Direito. 2. Direito do Trabalho. I. Título. |
| 2022-2691 | CDD 344.01 |
| | CDU 349.2 |

Elaborado por Vagner Rodolfo da Silva - CRB-8/9410

**Índice para catálogo sistemático:**
1. Direito do Trabalho 344.01
2. Direito do Trabalho 349.2

**Freitas Bastos Editora**
atendimento@freitasbastos.com
www.freitasbastos.com

*Dedico este trabalho aos meus estimados filhos, Camila e Vitor, consignando aqui todo meu amor e àqueles que são a razão do meu existir, meus amados pais João Onofre e Maria Esmeralda (in memoriam).*

*Dedico à família Silvarolli, em especial ao Dr. Savério (in memoriam), por me proporcionar a oportunidade de debruçar os estudos sobre o valioso tema.*

"Você erra 100% dos tiros que não dá."

Wayne Gretzky

# SUMÁRIO

## 11    CAPÍTULO I
### VIÉS CONSTITUCIONAL SOBRE A LIVRE INICIATIVA

1. O PODER DA LIVRE INICIATIVA NA ORDEM CONSTITUCIONAL ECONÔMICA DE 1988    **11**

2. LEI DA LIBERDADE ECONÔMICA E A LIVRE INICIATIVA    **16**

## 21    CAPÍTULO II
### CONTRATO DE FACÇÃO

1. CONTRATO DE FACÇÃO E SUAS PARTICULARIDADES    **21**

2. INAPLICABILIDADE DA SÚMULA 331 DO TST NOS CONTRATOS DE FACÇÃO    **27**

3. INEXISTÊNCIA DE GRUPO ECONÔMICO    **35**

4. INCIDENTES DE UNIFORMIZAÇÃO DE JURISPRUDÊNCIA    **39**

5. POSICIONAMENTO DO TST EM RELAÇÃO AOS CONTRATOS DE FACÇÃO    **42**

6. FRAUDES NO CONTRATO DE FACÇÃO    **52**

7. *COMPLIANCE* – MEIO DE EVITAR FRAUDES À MODALIDADE DO CONTRATO DE FACÇÃO    **57**

**61** **CAPÍTULO III**
**CONTRATO DE TERCEIRIZAÇÃO**

1. TERCEIRIZAÇÃO E SUAS PARTICULARIDADES — **61**

2. A TERCEIRIZAÇÃO DOS SERVIÇOS E A INTERMEDIAÇÃO DE MÃO DE OBRA — **66**

3. BASE LEGAL DO CONTRATO DE TERCEIRIZAÇÃO — **69**

4. JULGADOS DO STF SOBRE A CONSTITUCIONALIDADE DA TERCEIRIZAÇÃO DOS SERVIÇOS DA ATIVIDADE-FIM DAS EMPRESAS — **80**

5. CONSEQUÊNCIAS DA TERCEIRIZAÇÃO EM RELAÇÃO À RESPONSABILIDADE CONTRATUAL — **85**

6. FRAUDES NOS CONTRATOS DE TERCEIRIZAÇÃO — **90**

7. FALTA DA CAPACIDADE ECONÔMICA COMO MÉTODO DE IDENTIFICAÇÃO DE FRAUDE AO CONTRATO DE TERCEIRIZAÇÃO — **93**

**99** **CONSIDERAÇÕES FINAIS**

**103** **BIBLIOGRAFIA**

# CAPÍTULO I
# VIÉS CONSTITUCIONAL SOBRE A LIVRE INICIATIVA

## 1. O PODER DA LIVRE INICIATIVA NA ORDEM CONSTITUCIONAL ECONÔMICA DE 1988

Em linhas constitucionais, nota-se que a Constituição Federal, através do artigo 170, *caput* determina que a ordem econômica, fundada na valorização do trabalho humano e na livre iniciativa (artigo 1º, inciso IV), tem por fim assegurar a todos a existência de uma vida digna, conforme os ditames da justiça social.

O parágrafo único da norma constitucional aludida estabelece que é assegurado a todos o livre exercício de qualquer atividade econômica, independentemente de autorização de órgãos públicos, salvo nos casos previstos em lei.

Pautada nos mencionados valores e objetivos, propõe a Constituição, em seu artigo 170, a regulação da ordem econômica. Menciona-se a valorização do trabalho humano e repete-se a livre iniciativa como princípios estruturantes da República, sendo a livre concorrência corolário desta estrutura principiológica.

No que tange a livre iniciativa e à valorização do trabalho humano, alinhando esta interpretação de ambos os postulados da Constituição, Eros Roberto Grau afirma[1] que:

> cumpre prontamente verificarmos como e em que termos se dá a enunciação no texto. E isso porque, ao que tudo indica, as leituras que têm sido feitas do inciso IV do art. 1º são desenvolvidas como se possível fosse destacarmos de um lado "os valores sociais do trabalho", e de outro a "livre iniciativa", simplesmente. Não é isso, no entanto, o que exprime o preceito. Este em verdade enuncia, como fundamentos da República Federativa do Brasil, o valor social do trabalho e o *valor social da livre iniciativa*".

A livre iniciativa é "termo de conceito extremamente amplo, inicialmente expressa desdobramento da *liberdade*" e "não se pode reduzir a livre iniciativa [...] meramente à feição que assume como *liberdade econômica* ou *liberdade de iniciativa econômica*", o princípio "nem mesmo em sua origem, se consagrava a liberdade absoluta de iniciativa econômica"[2].

Destarte, "pode ser traduzida no direito que todos têm de se lançarem ao mercado de produção de bens e serviços por sua conta e risco"[3] ou como "garantia da legalidade: liberdade de iniciativa econômica é liberdade pública precisamente ao expressar não sujeição a qualquer restrição estatal senão em virtude de lei"[4].

---

[1] GRAU, Eros Roberto. *A ordem econômica na Constituição de 1988.* 9. ed. São Paulo: Malheiros Editores, 2004, p. 184.

[2] GRAU, Eros Roberto. *A ordem econômica na Constituição de 1988.* 9. ed. São Paulo: Malheiros Editores, 2004, p. 185 e ss.

[3] PETTER, Lafayete Josué. *Princípios constitucionais da ordem econômica: o significado e o alcance do art. 170 da Constituição Federal.* 2. ed. ver., atual. e ampl. São Paulo: revista dos tribunais, 2008. p. 178.

[4] GRAU, Eros Roberto. *A ordem econômica na Constituição de 1988.* 9. ed. São Paulo: Malheiros Editores, 2004, p. 189.

E como fundamento da própria República Federativa e, concomitantemente, da ordem econômica, "a livre iniciativa revela a adoção política da forma de produção capitalista, como meio legítimo de que se pode valer os agentes econômicos no Direito Brasileiro"[5].

Portanto, o postulado da livre iniciativa, segundo André Ramos Tavares[6]:

> "tem uma conotação normativa positivada, significando a liberdade garantida a qualquer cidadão, e uma outra conotação que assume viés negativo, impondo a não intervenção estatal, que só pode se configurar mediante atividade legislativa que, acrescente-se, há de respeitar os demais postulados constitucionais e não poderá anular ou inutilizar o conteúdo mínimo da livre iniciativa".

O artigo 170 da Lei Maior, com todos os princípios a ele subjacentes, representa limites constitucionais à atuação estatal sobre a economia, desejada em determinadas situações, até mesmo por expressa vontade do constituinte.

A interferência do estado na economia é salutar para evitar prejuízos ao uniforme desenvolvimento econômico esperado de um sistema democrático. É esperada essa tal intervenção, sobretudo, naquelas situações em que certas empresas, deliberada e reiteradamente, violam seus direitos trabalhistas, prejudicando outras que pautam suas ações no irrestrito cumprimento da legislação do trabalho.

---

[5] TAVARES, André Ramos. *Direito Constitucional Econômico*. 3. ed. Rio de Janeiro: Forense, 2011. p. 234.
[6] TAVARES, André Ramos. *Direito Constitucional Econômico*. 3. ed. Rio de Janeiro: Forense, 2011. p. 234.

Deve a intervenção do Estado na economia se fundamentar exclusivamente nos preceitos constitucionais, com a devida razoabilidade. Se apresenta respostas distintas a casos análogos, em sua atuação jurisdicional, assume o Estado papel de responsável pelo desequilíbrio do mercado.

Segundo princípios de tutela da ordem econômica, desenvolve o estado papel de agente regulador das relações econômicas, responsável pela efetividade da liberdade de concorrência e também pela igualdade de condições entre *players* atuantes em atividades similares.

Ao exigir cumprimento de determinada obrigação somente por um desses *players*, deixando os demais livres para atuar, certamente o Estado estaria interferindo de forma anômala nas relações de mercado, em manifesta afronta aos princípios fundantes da República, refletidos no artigo 170, da Constituição.

Assim, qualquer iniciativa voltada a proibir contratos do tipo de facção, ou mesmo criar entraves, como responsabilização subsidiária do contratante, atentaria também contra um dos fundamentos da República, ao lado do valor social do trabalho.

Não se pode perder de vista, ademais, o verdadeiro espírito do princípio da legalidade de aplicação aos particulares, constitucionalizada no inciso II, do artigo 5º, da Lei Maior. Nos termos do mencionado princípio, **ninguém será obrigado a fazer ou deixar de fazer alguma coisa senão em virtude de lei.**

O eminente Ministro do Tribunal Superior do Trabalho, Sérgio Pinto Martins, na obra *A Terceirização e o Direito do Trabalho*, 10ª edição, editora Atlas, página 5, cita as lições de Rafael Caldera (Discurso. Anais do XI Congresso Internacional de Direito do Trabalho e Seguridade Social. Caracas, 1985 v. 1) que analisa a posição do Direito do Trabalho frente às relações comerciais.

> *(...) o Direito do trabalho não pode ser inimigo do progresso, porque é fonte e instrumento do progresso. Não pode ser inimigo da riqueza, porque sua aspiração é que ela alcance um número cada vez maior de pessoas. Não pode ser hostil aos avanços tecnológicos, pois eles são efeito do trabalho.*

O respeito à livre iniciativa é de extrema relevância quando da análise das relações comercias, especialmente porque a regra constitucional aludida está inserida no título da ordem econômica e financeira, integrando os princípios gerais da atividade econômica, que também regem o estado democrático de Direito.

Segundo tal princípio constitucional, todos têm o direito de, individualmente, ou em combinação com outros, praticar livremente a ocupação ou profissão de sua escolha, de estabelecer, manter e operar livremente um empreendimento comercial e de produzir e distribuir livremente bens e serviços.

Amauri Mascaro Nascimento, iniciação ao direito do trabalho, 27ª edição revista e atualizada, São Paulo, Editora LTr, página 42, ensina que

> *"o direito do trabalho consolidou-se como uma necessidade dos ordenamentos jurídicos em função das suas finalidades sociais, que o caracterizam como uma regulamentação jurídica das relações de trabalho que se desenvolverem nos meios econômicos de produção de bens e prestações de serviços".*

Destarte, o conjunto de regras destinadas a regulamentar as diferentes modalidades de contratação, nas relações de trabalho, desempenha também uma função coordenadora dos interesses entre o capital e o trabalho.

Vale dizer, a Constituição Federal há de ser interpretada sistematicamente, relacionando-se os princípios gerais do Direito do trabalho com os princípios gerais da atividade econômica, dentre os quais a livre iniciativa (artigos 1º, inciso IV e 170) e o livre exercício do trabalho, ofício ou profissão, atendidas as qualificações profissionais que a lei estabelecer (artigo 5º, inciso XIII) retrógrada, tampouco demais avançada, tornando incompreensível e sem sentido o comando positivado. Nessa empreitada, há de ser observado, por absolutamente crucial, o norte ditado pelo conjunto do sistema jurídico em que a norma interpretada se encontra.

Por outro lado, cabe ao Estado identificar de modo claro o limite do alcance da liberdade de iniciativa econômica.

Esse limite não se depreende apenas da atitude positiva do Estado em atuar para coibir e corrigir práticas do mercado que infrinjam a livre iniciativa. O princípio se desdobra também em atitudes negativas.[7] Nesse diapasão, as leis de restritivas de liberdade de iniciativa econômica devem "observar o conteúdo essencial dos direitos fundamentais, funcionando como um limite negativo à atuação do legislador"[8].

## 2. LEI DA LIBERDADE ECONÔMICA E A LIVRE INICIATIVA

De fato, a Constituição Federal de 1988 é o marco legislativo da redemocratização no nosso País, através da promulgação da

---

[7] JORGE, André Guilherme lemos. Direito empresarial: estrutura e regulação: volume 2 – São Paulo: Universidade Nove de Julho, UNINOVE, 2018, pág. 19.

[8] PETTER, Lafayete Josué. *Princípios constitucionais da ordem econômica: o significado e o alcance do art. 170 da Constituição Federal*. 2. ed. ver., atual. e ampl. São Paulo: revista dos tribunais, 2008. p. 180 e ss.

mesma houve foco contundente na outorga de direitos ao cidadão como um todo, dotando todos os cidadãos direitos e garantias fundamentais das quais não podem ser violadas.

Porém, por outro lado, instituiu também o papel do Estado e dos agentes econômicos, regulamentando expressamente os compassos a serem seguidos em relação à ordem econômica.

Desta monta a Ordem Constitucional Econômica é um conjunto de regras e comandos relacionados a atividade econômica que "surge com base no capítulo constitucional dedicado à Ordem Econômica um novo direito que recebeu precisamente o nome de Direito Econômico"[9]. Seu objeto principal encontra-se nas "diretrizes de política econômica, o planejamento, a questão das desigualdades regionais, direito urbanístico, as relações entre capital e trabalho, hoje insculpido no texto da Constituição de 1988, particularmente em seus artigos 3º, 170 e 219"[10].

Nos termos da Constituição, a ordem econômica é disposta junto com a ordem financeira (Título VII da CF/88) e compreende quatro capítulos:

I.   Dos princípios gerais da atividade econômica;
II.  Da política urbana;
III. Da política agrícola e fundiária e da reforma agrária;
IV.  Do sistema financeiro nacional.

A regulamentação econômica mesmo que procedida por artigos isolados, ou ainda, por legislação específica consubstancia o

---

[9] NUSDEO, Fábio. *Curso de economia - Introdução ao Direito Econômico*. 10. ed. São Paulo: Revista dos Tribunais, 2016, p. 171.

[10] BERCOVICI, Gilberto. As origens do direito econômico: homenagem a Washington Peluso Albino de Souza. *Rev. Fac. Direito UFMG, Número Esp. em Memória do Prof. Washington Peluso*, pp. 253-263, 2013.

princípio da livre iniciativa como um dos princípios que informam a organização da atividade empresarial em relação à ordem econômica constitucional.

Os princípios constitucionais estabelecidos na lei da liberdade econômica, lei 13.874/19, elucida exatamente estas questões como: a liberdade como garantia no exercício de atividade econômica; a boa-fé do particular perante o poder público; a intervenção subsidiária e excepcional do Estado sobre o exercício de atividades econômicas e reconhecimento da vulnerabilidade do particular perante o Estado.

A promulgação desta Lei denominada de Lei de Liberdade Econômica, representa a manifestação de um compromisso inarredável ao fortalecimento da livre iniciativa, do livre mercado e do empreendedorismo, que são mecanismos jurídico-econômicos vitais para o progresso econômico brasileiro e para a redução da pobreza e das desigualdades sociais.

A Medida objetiva afastar a estagnação econômica e o alto índice de desemprego que nos assola desde governos passados. No art. 1º do diploma assim está previsto:

> "Fica instituída a Declaração de Direitos de Liberdade Econômica, que estabelece normas de proteção à livre iniciativa e ao livre exercício de atividade econômica e disposições sobre a atuação do Estado como agente normativo e regulador...".

Dos vários temas disciplinados pela Lei de Liberdade Econômica, podem ser destacados os seguintes:

1. Trata-se de lei geral de Direito Civil, Econômico, Empresarial, Urbanístico e Trabalho;

2. Adoção de desburocratização das atividades econômicas de baixo risco, mediante a dispensa de prévio alvará/licença de funcionamento;

3. Alteração do papel das agências reguladoras diante da imposição da prévia análise do impacto regulatório;

4. A tipificação de contratos empresariais em que se avulta a importância da autonomia privada, com a predominância da livre estipulação das partes contratantes;

5. A reafirmação da separação do patrimônio da pessoa jurídica da pessoa dos seus sócios, mediante a previsão de pressupostos rígidos para a desconsideração da personalidade jurídica;

6. Todas as normas de regulamentação de atividades econômicas devem ser interpretadas em favor da liberdade econômica, da boa-fé e do respeito aos contratos, aos investimentos e à propriedade, e que a interferência do Estado na atividade econômica deve ser excepcional e subsidiária;

7. Regulamentação dos fundos de investimentos;

8. Criação da sociedade unipessoal;

9. Nas solicitações de atos públicos de liberação de atividade econômica, o administrador terá um prazo para análise do pedido, findo o qual o silêncio importará aprovação tácita;

10. O predomínio do princípio da autonomia privada nos contratos civis e empresariais, de modo que a intervenção estatal deve ser mínima e a revisão contratual torna-se excepcional.[11]

---

11  https://www.conjur.com.br/2020-out-27/gleydson-oliveira-lei-liberdade-economica-livre-i, acessado em 28/11/20. Gleydson Oliveira. *Lei da Liberdade Econômica representa fortalecimento da livre iniciativa.*

Sílvio de Salvo Venosa recorda que, para analisar se o contrato cumpre sua função social, é necessário observar, inclusive, seu momento histórico:

> "Preservada a autonomia da vontade, o grande baluarte pactual, importa verificar no caso concreto se o contrato em si, ou cláusulas deste, transgridam uma função social. Não só o caso concreto responderá à questão, como outros fatores como o momento histórico e a posição geográfica do contrato, por exemplo"[12].

Denota-se que a Lei da Liberdade Econômica distanciou a intervenção Estatal nas relações contratuais entre particulares e deu mais força ao pacta sunt servanda, já que o modificado art. 421 do Código Civil agora estabelece que a liberdade contratual será exercida nos limites da função social do contrato e prevalecerão o princípio da intervenção mínima e a excepcionalidade da revisão contratual.

---

[12] VENOSA, Sílvio de Salvo. *A Declaração de Direitos de Liberdade Econômica* (MP nº 881) e o direito privado. Direito UNIFACS - Debate Virtual. Acessado em 29/11/2020.

# CAPÍTULO II
# CONTRATO DE FACÇÃO

## 1. CONTRATO DE FACÇÃO E SUAS PARTICULARIDADES

O contrato de facção é o negócio jurídico entre uma pessoa e outra para fornecimento de produtos ou serviços prontos e acabados, em que não há interferência da primeira na produção.

A natureza do contrato de facção é híbrida, pois existe prestação de serviços e fornecimentos de bens. Muitas vezes é utilizado para serviços de acabamento de roupas e aviamentos por parte da empresa contratada para produzir peças. Uma empresa fornece as peças cortadas e outra faz o acabamento e costura.

O contrato de facção geralmente tem natureza civil, de prestação de natureza com fornecimento de mercadoria. Pode, dependendo o caso ter natureza comercial.

O objetivo do contrato de facção não é o fornecimento de mão de obra para se falar em terceirização de mão de obra".[13]

Trata-se de uma modalidade de flexibilização da organização produtiva, influenciada pelo modelo Toyotista, na busca "por novos padrões de produtividade, novas formas de adequação da produção à lógica do mercado"[14], em que a "empresa principal concentra-se na realização da atividade principal e transfere a terceiros áreas de uma cadeia produtiva. Objetiva conferir maior agilidade às ações empresariais por meio da especialização e otimização das diversas fases do processo de fabricação"[15].

De fato, o contrato de facção viabiliza exploração de atividade econômica independente e autônoma por empreendedores dos mais variados setores da economia e de diferentes regiões geográficas. Como tal fomenta o desenvolvimento e reduz desigualdades sociais e regionais.

A história, essencial ao entendimento do presente, apresenta subsídios para exata compreensão da salutar natureza do contrato de facção.

A relação jurídica existente entre as empresas é de natureza contratual de compra e venda de mercadorias e não de prestação de serviços. O contrato firmado entre as partes é denominado de contrato de facção.

Faz-se necessário que as empresas sejam independentes, com total autonomia jurídica econômica e administrativa, não estando sujeitas a qualquer ingerência, sem exclusividade.

Nesta oportunidade é prudente ressaltar que para configuração de contrato de facção algumas peculiaridades devem estar presentes como: não fixação de preços dos produtos vendidos, falta de participação do processo de seleção, ingerência operacional,

---

13  PINTO, Sergio Martins. *Terceirização no direito do trabalho*. 14 ed. São Paulo: Saraiva, 2017.
14  ANTUNES, Ricardo. *Os sentidos do trabalho* – ensaio sobre a afirmação e a negação do trabalho. São Paulo: Boitempo, 1999, p. 210.
15  SOUZA, Ronaldo Medeiros. Acórdão extraído do processo nº 0000694-45.2017.5.21.0007, fls. 20.

não vitoriar a produção, diferenciando-se assim do contrato de terceirização.

É cediço que grandes marcas como Nike, Adidas, Puma, entre outras, não produzem os bens que comercializam. Desta forma, estas empresas e outras não tão conhecidas, adquirem de indústrias dos respectivos ramos de atividade, os produtos que serão por elas comercializados com o seu logotipo. Firmando-se assim, contratos denominados de facção.

Sobre o tema, vale transcrever trecho da palestra proferia pelo Ministro do Colendo TST, Vantuil Abdala, que tratou da "Terceirização: atividade-fim e atividade-meio – responsabilidade subsidiária do tomador de serviços":

> Quando se contrata uma empresa para o fornecimento de um produto, pronto e acabado, elaborado fora dos limites da empresa contratante, longe de suas vistas, não possibilidade alguma de emergir daí uma relação trabalhista entre contratante e a fornecedora, ou mesmo entre empregados desta e aquela. [...] (publicada pela Revista LTr 60-5/587)

A jurisprudência dos nossos Tribunais já vem se posicionando contundentemente neste sentido, para tanto podemos observar decisão proferida pela Dra. Katia Bizzetto[16], juíza do trabalho da 1ª vara de Cotia, SP, que assim mencionou:

> *No contrato de facção o processo fabril, antes feito integralmente dentro das empresas, é dividido, transferindo-se para uma empresa contratada a realização de parte das atividades necessárias à obtenção de um produto final,*

---
16   Processo nº 1001396-09.2016.5.02.0501, pelo MM Juízo da 1ª Vara de Cotia, São Paulo/SP.

*prática esta muito comum no universo da indústria têxtil e de calçados.*

*O contrato em questão possui natureza essencialmente civil e, como dito, <u>não se destina à obtenção de mão de obra, tampouco a regular a prestação de serviços propriamente dita</u>, não se podendo, então, cogitar a responsabilidade solidária ou subsidiária da empresa adquirente de tais produtos pelos créditos trabalhistas devidos aos empregados da empresa contratada, sendo inaplicável, nesse caso, o disposto na súmula 331, IV, do TST, exceto se demonstrado que a prestação laboral e a atividade da empresa de facção sofreram ingerência direta da contratante, e que não se realizem com exclusividade para uma só beneficiária.*

*<u>No caso em questão, as provas produzidas confirmam que a relação jurídica existente entre a primeira, segunda e quarta reclamada é de natureza estritamente comercial, limitando-se à compra e venda de produtos finais industrializados pelas contratadas</u> (primeira e segunda ré) e sem que exista qualquer ingerência da contratante (quarta reclamada) no processo de produção das contratadas, <u>tendo ocorrido tão somente o fornecimento de produto pronto e acabado, e não de mão de obra</u>, restando caracterizada, então, a formalização do contrato de facção entre as rés.*

Observa-se também no Incidente de Uniformização de Jurisprudência nº 0000355-10.2017.5.21.0000, instaurando pelo TRT 21ª Região em ação movida em face de GUARARAPES CONFECÇÃO S.A., que "o contrato de facção na indústria têxtil tem como objeto a entrega de um produto elaborado em seu âmbito e por seus empregados, desenvolvendo-se a sua realização sem ingerência da contratante, com a finalidade de execução de peças a serem entregues à contratante pela contratada.

A empresa contratada deve ter como característica a prestação de serviços de forma não exclusiva e autônoma. Ou seja, trata-se de avença que tem por objeto a execução de serviços de acabamento, incluídos aí os eventuais aviamentos, pela parte contratada, em peças entregues pela parte contratante.

Constituem características dessa modalidade contratual:

1. A entrega de peças em "estado bruto" pela empresa contratante;
2. A realização dos serviços nas instalações da empresa contratada;
3. A autonomia da empresa contratada;
4. A entrega, ao final, de produtos acabados pelo contratante; e
5. A inexistência de exclusividade na prestação de serviços pela empresa contratada, que, em regra, presta serviços a mais de uma empresa.

O contrato de facção *"o ajuste que tem por objeto a entrega de produtos acabados a serem elaborados no âmbito da empresa de facção e por seus empregados, que lá executam suas tarefas sem nenhum tipo de ingerência por parte da contratante."*, conforme a Dra. Lilia Leonor Abreu. Para a doutrinadora Dra. Sandra Márcia Wanbier, o contrato de facção visa o *"fornecimento de produtos confeccionados"*.

Pode-se também estabelecer a exclusividade ou preferência – o que, a princípio, se não recomenda, face aos rigores e aos azares da competição/concorrência exigente e da economia vacilante –, bem como demais outras cláusulas que lhe convierem, excluindo sempre a ingerência ou comando de uma sobre a outra, seja de que espécie for.

Em síntese, o contrato de facção é contrato atípico, interempresarial, bilateral, de prestação continuada, oneroso, comutativo, consensual, de prazo determinado ou indeterminado, podendo ou não conter cláusula de exclusividade.

Para o doutrinador Octavio Bueno Magano (199, p. 50), *"a subordinação constitui o poder de direção visto do lado do trabalhador. Por isso que o empregador organiza e controla os fatores da produção, advém-lhe o poder de dirigir seus empregados"*.

Por sua vez, no entender de Nelson Mannrich (1998, p. 120), a subordinação consiste no dever do empregado de submeter-se às ordens emanadas do poder diretivo do empregador, no limite do contrato. Entende, ainda, haver uma relação de dever e poder, onde o dever de obediência submete-se a um poder de comando: eis a essência da dependência jurídica, ou seja, da subordinação.

Quanto ao critério da dependência técnica traduz a ideia de sujeição do empregado à hierarquia e organização da empresa. O empregado sujeita-se aos critérios técnicos estabelecidos pelo empregador, não podendo, livremente, estabelecer a forma em que prestará o trabalho, ficando vinculado às diretrizes da empresa.

Desta forma, *"no poder de direção do empregador já está compreendida a faculdade de o mesmo determinar o modo como deve ser executado o trabalho, a orientação técnica do serviço". (GOMES e GOTTSCHALK, 2005, p. 138)*

Quanto ao "controle" e "direção", o desembargador do TRT da 2ª Região, Dr. FRANCISCO FERREIRA JORGE NETO:

> *"Controle implica a possibilidade de decisão nas deliberações sociais, o poder de eleição dos administradores da empresa ou ainda a própria participação acionária. A participação acionária poderá até ser minoritária, porém haverá o controle desde que se visualize o direito de*

*determinar as diretrizes a serem adotadas pela empresa controlada.*

*Direção é a própria efetivação do controle, subordinado às pessoas e coisas à realização dos objetivos da empresa"* (Sucessão Trabalhista, São Paulo, LTr, 2001, p. 75).

Observa-se que as empresas que efetuam esta modalidade de contratação possuem sedes próprias, desenvolvendo suas atividades, de forma absolutamente independente, não estando sujeita a qualquer ingerência. Ou seja, o risco de sua atividade econômica é por conta dos fornecedores, inclusive no que diz respeito ao prejuízo decorrente de um serviço mal prestado.

## 2. INAPLICABILIDADE DA SÚMULA 331 DO TST NOS CONTRATOS DE FACÇÃO

Não paira dúvida de que a Súmula 331 do TST é inaplicável aos casos de contrato de facção, diante da clara existência de relação de facção, já que esse verbete se aplica exclusivamente aos contratos em que a prestação dos serviços é no estabelecimento da tomadora dos serviços e sob a orientação desta.

Tratam-se de institutos distintos e por via se consequências com resultados práticos totalmente inversos. Nesse mesmo sentido a jurisprudência:

> *RESPONSABILIDADE SUBSIDIÁRIA. CONTRATO DE FACÇÃO. ITEM IV DA SÚMULA Nº 331 DO TRIBUNAL SUPERIOR DO TRABALHO. INAPLICABILIDADE. 1. O Tribunal Regional, soberano no exame*

*do conjunto fático probatório dos autos, concluiu que a relação jurídica firmada entre as demandadas ostenta natureza civil, mediante contrato de facção. 2. No contrato de facção, pacto de natureza comercial, a empresa contratada compromete-se a fornecer produtos prontos e acabados, constituindo modalidade diversa do contrato de fornecimento de mão de obra pactuado entre empresas prestadoras e tomadoras de serviços. 3. A Súmula nº 331, IV, desta Corte superior consagra a responsabilidade subsidiária do tomador dos serviços pelas obrigações trabalhistas devidas ao empregado em face do inadimplemento por parte da empresa prestadora de serviços. 4. Nos contratos de facção, em virtude das peculiaridades do serviço realizado, não se há de presumir a culpa in vigilando ou in eligendo dos contratantes pelos encargos trabalhistas devidos pela empresa contratada. 5. Agravo de instrumento a que se nega provimento.*

(TST – AIRR: 11507920125120052, Relator: Lelio Bentes Corrêa, Data de Julgamento: 13/08/2014, 1ª Turma, Data de Publicação: DEJT 15/08/2014)

*AGRAVO DE INSTRUMENTO. RESPONSABILIDADE SUBSIDIÁRIA. CONTRATO DE FACÇÃO. ITEM IV DA SÚMULA Nº 331 DO TRIBUNAL SUPERIOR DO TRABALHO. INAPLICABILIDADE. Demonstrada a contrariedade ao item IV da Súmula nº 331 deste Tribunal Superior, dá-se provimento ao Agravo de Instrumento para se determinar o processamento do Recurso de Revista. Ressalva do entendimento deste Relator. RECURSO DE REVISTA. RESPONSABILIDADE SUBSIDIÁRIA. CONTRATO DE FACÇÃO. ITEM IV DA SÚMULA Nº 331 DO TRIBUNAL SUPERIOR DO TRABALHO. INAPLICABILIDADE. 1. No contrato de facção, pacto de natureza comercial, a empresa contratada compromete-se a fornecer produtos prontos e acabados, constituindo modalidade diversa do contrato de fornecimento de mão de obra pactuado entre empresa prestadora e tomadora de serviços. 2. A Súmula nº 331, IV, desta Corte superior consagra a responsabilidade subsidiária do tomador dos serviços pelas obrigações trabalhistas devidas ao empregado em face do inadimplemento por parte da empresa prestadora de serviços. 3. Nos contratos de facção, em virtude das peculiaridades do serviço realizado, não há presumir a culpa in vigilando ou in eligendo dos contratantes pelos encargos trabalhistas devidos pela empresa contratada. 4. Não se extrai, do acórdão prolatado pela Corte de origem, que o Reclamante prestasse serviços nas dependências das empresas contratantes ou que a contratada não confeccionava, no próprio estabelecimento, com administração própria e organização independente, os produtos adquiridos pela contratante. Precedentes desta Corte superior. Ressalva do entendimento deste Relator. 5. Recurso de Revista conhecido e provido.*

*(TST – RR: 11830220105120000, Data de Julgamento: 12/08/2015, Data de Publicação: DEJT 18/08/2015)*

CONTRATO DE FACÇÃO E CONTRATO DE PRESTAÇÃO DE SERVIÇOS. DIFERENÇAS. EFEITOS SOBRE AS OBRIGAÇÕES TRABALHISTAS. *Constitui típico contrato de facção o ajuste que tem por objeto a entrega de produtos acabados a serem elaborados no âmbito da empresa de facção e por seus empregados, que lá executam suas tarefas sem ingerência por parte da contratante. Reconhecido que a relação havida entre as empresas contratante e contratada ocorreu na forma de ajuste de facção, não há como atribuir à primeira a responsabilidade pelos créditos trabalhistas.*

*(TRT-12 – RO: SC 0001039-24.2012.5.12.0011, Relator: LILIA LEONOR ABREU, SECRETARIA DA 3A TURMA, Data de Publicação: 20/11/2015)*

*"RECURSO DE REVISTA. LEI 13.015/2014. CONTRATO DE FACÇÃO. RESPONSABILIDADE SUBSIDIÁRIA. SÚMULA 126 DO TST. 1. A natureza jurídica do contrato de facção é civil, consistindo em um negócio jurídico interempresarial, em que uma das partes após o recebimento de matéria-prima, entrega produtos prontos e acabados, sem qualquer ingerência na produção. 2. O entendimento desta Corte é no sentido de que, na hipótese de típico contrato de facção, quando preencha todos os requisitos previstos na lei, sem desvio de finalidade ou fraude na contratação, não dá ensejo a condenação a responsabilidade subsidiária da empresa contratante pelos créditos trabalhistas dos empregados da empresa faccionária. Precedentes*

*(...)"*

*(RR 2115-39.2014.5.12.0003, Relator Ministro: João Batista Brito Pereira, Julgamento: 8/6/2016, 5ª Turma, Publicação: DEJT 10/6/2016)*

**RESPONSABILIDADE SUBSIDIÁRIA. CONTRATO DE FACÇÃO.** *O contrato de facção é um fenômeno comum na indústria têxtil, onde se fraciona o processo fabril, repassando-se à faccionária a realização de parte das atividades necessárias à obtenção de um produto final. Nele, a indústria contratante não tem influência sobre a forma de produção da contratada. Assim, não há entre as empresas que o firmam a responsabilidade subsidiária. Recurso de Revista de que se conhece e a que se dá provimento. (Processo: RR – 93200-02.2008.5.12.0041 Data de Julgamento: 24/11/2010, Relator Ministro: João Ba-*

*tista Brito Pereira, 5ª Turma, Data de Publicação: DEJT 03/12/2010) – grifo nosso.*

A Desembargadora Dra. **OLGA AIDA JOAQUIM GOMIERI**[17] atenta a realidade das relações comerciais, assim se posicionou ao proferir acórdão, evidenciando a inaplicabilidade da Súmula 331, do C. TST, por não haver intermediação de mão de obra, nos termos abaixo destacados:

> *CONTRATO DE FACÇÃO: EXISTÊNCIA CONCOMITANTE DE PRESTAÇÃO DE SERVIÇOS E FORNECIMENTO DE BENS. RESPONSABILIDADE SUBSIDIÁRIA. INAPLICABILIDADE DA SÚMULA 331, DO C. TST. Sobre o tema, a jurisprudência do Tribunal Superior do Trabalho é no seguinte sentido: "CONTRATO DE FACÇÃO. RESPONSABILIDADE SUBSIDIÁRIA. SÚMULA 331, IV, DO TST. APLICABILIDADE. 1. À luz da Súmula 331 do Tribunal Superior do Trabalho, a terceirização apta a ensejar responsabilidade subsidiária do tomador de serviços, é a que se dá mediante a contratação de trabalhadores por empresa interposta. Pressupõe, portanto, que o objeto de contratação entre as empresas seja a impropriamente denominada locação de mão de obra. 2.* **O contrato de facção consiste em contrato de natureza híbrida em que há, a um só tempo, prestação de serviços e fornecimento de bens. Trata-se de ajuste que tem por objeto a execução de serviços de acabamento, incluídos aí os eventuais aviamentos, pela parte contratada, em peças entregues pela parte contratante.** *3. Não há, nesse contexto, espaço para virtual caracterização,*

---

17   PROCESSO nº 0011484-10.2014.5.15.0024 (RO) – 1ª VARA DO TRABALHO DE JAÚ – RELATORA: OLGA AIDA JOAQUIM GOMIERI

> *quer de culpa in vigilando, quer de culpa in eligendo, pressupostos de imputação da responsabilidade subsidiária* –, *uma vez que as atividades da empresa contratada desenvolvem-se de forma absolutamente independente, sem qualquer ingerência da empresa contratante. 4. Em semelhante relação contratual, não se divisa propriamente terceirização de serviços e, tampouco, exclusividade, consoante se exige no item IV da Súmula 331 do TST. 5. Do contrário, também os fornecedores de matéria prima haveriam de ser responsabilizados, em uma cadeia infindável de responsabilizações, numa espécie de dízima periódica que se estenderia ao infinito. 6. Inaplicável, por conseguinte, a diretriz perfilhada pela Súmula 331, IV, do TST, na espécie. 7. Recurso de revista de que não se conhece." (TST – RR 761170, 1ª Turma – Redator Min. JOÃO ORESTE DALAZEN, DJ 18.6.2004)." Assim, não havendo intermediação de mão de obra, não há que se falar em responsabilidade subsidiária da recorrente. Recurso provido."

Neste mesmo julgado a Desembargadora Relatora OLGA AIDA JOAQUIM GOMIERI, menciona:

> "A terceirização apta a ensejar o reconhecimento da responsabilidade subsidiária do tomador de serviços é aquela que se dá mediante a contratação de trabalhadores por empresa interposta. Na presente situação há um contrato de facção, no qual se configura a venda de produtos, no caso, calçados.
>
> **Ora, em contratos desta natureza, não há espaço para imputação da responsabilidade subsidiária, uma vez que as atividades da empresa contratada desenvolvem-se de forma absolutamente**

***independente, sem qualquer ingerência da empresa contratante, não se divisando terceirização típica de serviços e tampouco exclusividade, consoante exige o inciso IV, da Súmula 331 do C. TST.***

> *Como cediço, em tais contratos, comumente as empresas atuam em cidades diferentes, muitas vezes distantes uma da outra, sem que o trabalhador nunca tenha estado nos estabelecimentos da empresa contratante, nem jamais tenha atuado sob as suas ordens. É a hipótese dos autos."*

No mesmo sentido jurisprudência do C. TST:

*"CONTRATO DE FACÇÃO. RESPONSABILIDADE SUBSIDIÁRIA. SÚMULA 331, IV, DO TST. APLICABILIDADE. 1. À luz da Súmula 331 do Tribunal Superior do Trabalho, a terceirização apta a ensejar responsabilidade subsidiária do tomador de serviços, é a que se dá mediante a contratação de trabalhadores por empresa interposta.*

> *Pressupõe, portanto, que o objeto de contratação entre as empresas seja a impropriamente denominada locação de mão de obra. 2. O contrato de facção consiste em contrato de natureza híbrida em que há, a um só tempo, prestação de serviços e fornecimento de bens. Trata-se de ajuste que tem por objeto a execução de serviços de acabamento, incluídos aí os eventuais aviamentos, pela parte contratada, em peças entregues pela parte contratante. 3. Não há, nesse contexto, espaço para virtual caracterização, quer de culpa in vigilando, quer de culpa in eligendo, pressupostos de imputação da responsabilidade subsidiária –, uma vez que as atividades da empresa contratada desenvolvem-se de forma absolutamente independente, sem qualquer ingerência da empresa contratante. 4. Em semelhante*

*relação contratual, não se divisa propriamente terceirização de serviços e, tampouco, exclusividade, consoante se exige no item IV da Súmula 331 do TST. 5. Do contrário, também os fornecedores de matéria prima haveriam de ser responsabilizados, em uma cadeia infindável de responsabilizações, numa espécie de dízima periódica que se estenderia ao infinito. 6. Inaplicável, por conseguinte, a diretriz perfilhada pela Súmula 331, IV, do TST, na espécie. 7. Recurso de revista de que não se conhece." (TST – RR 761170, 1ª Turma – Redator Min. JOÃO ORESTE DALAZEN, DJ 18.6.2004).*

*Como se vê, nos contratos de facção não há que se falar em intermediação de mão de obra, nem em terceirização de serviços ligados às atividades meio ou fim do tomador, não havendo, portanto, imputação de responsabilidade subsidiária às sociedades empresárias que contrataram seus serviços.*

*Assim, e ante o brilhantismo do estudo feito pelo MM. Juiz Paulo Bueno Cordeiro de Almeida Prado Bauer, acima citado, e a cujos fundamentos, por robustos, filiamo-nos, conveniente a transcrição do desenvolvimento e conclusão da r. decisão, prolatada em situação idêntica à que ora se analisa:*

*"(...) Antes de avaliar as provas produzidas, cabe lembrar conceito de contrato de facção e suas circunstâncias técnicas e jurídicas.*

*Pois bem, sabe-se que grandes marcas, como Zara, Nike e Adidas, além de outras sem tal notoriedade, não produzem os bens que comercializam. Diversamente, encomendam a indústrias, no caso têxteis, calçadistas, relojoarias etc., a fabricação dos produtos a serem comercializados com seu logotipo. Firmam com essas empresas, então, contratos denominados de facção. Contrato de facção, portanto, é aquele em que uma indústria produz, por si ou mediante subcontratação, bens acabados, prontos para consumo, de acordo com os modelos (protótipos) criados pela empresa contratante, detentora da marca, que os adquire para comercialização. Facção, aqui, não corresponde a parcela, como se se tratasse de uma parte da produção transferida a outrem, mas ao termo francês "travail à façon", ou seja, contrato pelo qual se produz um bem à sua maneira, isto é, conforme encomendado.*

*(...)*

*Não se trata o contrato de facção, igualmente, de terceirização de atividade-fim, ilícita segundo a jurisprudência, porque a finalidade social da contratante (detentora da marca) é a comercialização dos produtos, não sua industrialização, que é afeta apenas à contratada.*

*Por conseguinte, ao contrato de facção não se aplicam quaisquer das hipóteses consagradas na Súmula 331 do Tribunal Superior do Trabalho visando a responsabilidade da contratante pelas obrigações laborais assumidas pela contratada".*

## 3. INEXISTÊNCIA DE GRUPO ECONÔMICO

De modo geral toda a vez que a pretende-se descaracterizar a figura do contrato de facção firmado entre as partes, objetiva-se a declaração de existência de grupo econômico entre empresas.

Porém, quando se fala em contrato de facção não há que como vislumbrar a formação de grupo econômico para caracterização de responsabilidade solidária ou subsidiária. Nesta modalidade tratam-se de sociedades empresárias distintas, com CNPJ distintos, endereços diferentes, e principalmente dirigidas por inúmeros administradores distintos, com interesse dos mais diversos objetos.

O que se efetivamente figura é uma relação encampada pelo Direito Civil entre empresas totalmente distintas. Portanto, possuem cada qual personalidade jurídica diferenciada, com administrações próprias, sem qualquer ingerência recíproca.

No mais, a acepção de grupo econômico na esfera trabalhista possui o objetivo de verificar a existência do compartilhamento de patrimônio e do fundo de comércio entre empresas visando o acúmulo de capital.

É certo que ocorre grupo econômico quando empresas estão ligadas entre si, no âmbito do direito do trabalho, a situação em que uma ou mais empresas, mesmo tendo cada uma delas personalidade jurídica própria, estiverem sob a direção, controle ou administração de outra, ou, ainda, se apesar delas possuírem autonomia reconhecerem, espontaneamente, a existência do mencionado grupo[18].

> Nota-se que em data anterior a reforma trabalhista, que ocorreu no ano de 2017, para configuração de grupo econômico, bastava demonstrar a identidade dos sócios e a relação de coordenação entre as empresas, não se exigindo a comprovação de ingerência de uma empresa sobre as demais.

---

18   https://www.migalhas.com.br/depeso/295664/reforma-trabalhista---grupo-economico---responsabilidade

Após a reforma e a mudança na redação do § 2º, e a inserção do § 3º, no artigo 2º da CLT, não basta apenas a mera identificação dos sócios e uma relação de coordenação.

Veja a redação do artigo 2º da CLT e seus parágrafos 2º e 3º:

Art. 2º – Considera-se empregador a empresa, individual ou coletiva, que, assumindo os riscos da atividade econômica, admite, assalaria e dirige a prestação pessoal de serviço.

§ 2º Sempre que uma ou mais empresas, tendo, embora, cada uma delas, personalidade jurídica própria, estiverem sob a direção, controle ou administração de outra, ou ainda quando, mesmo guardando cada uma sua autonomia, integrem grupo econômico, serão responsáveis solidariamente pelas obrigações decorrentes da relação de emprego.

§ 3º Não caracteriza grupo econômico a mera identidade de sócios, sendo necessárias, para a configuração do grupo, a demonstração do interesse integrado, a efetiva comunhão de interesses e a atuação conjunta das empresas dele integrantes.

Com esse norte, portanto, partindo-se da premissa da validade e legalidade dos contratos de facção, portanto se conclui que não há subordinação jurídica entre os empregados das facções e a contratada, porque somente há contrato de trabalho entre esses trabalhadores e as empresas faccionadas, sendo inaplicável ao caso dos autos o disposto na Súmula nº 331, I, do TST, por inexistir terceirização de serviços na hipótese.

A interpretação do vigente art. 2º, § 2º, da CLT conduz à conclusão de que, para a configuração de grupo econômico, não basta a mera situação de coordenação entre as empresas. É necessária a presença de relação hierárquica entre elas, de efetivo controle de uma empresa sobre as outras.

> I.AGRAVO DE INSTRUMENTO DA 2ª RECLAMADA. RECURSO DE REVISTA REGIDO PELA LEI Nº 13.467/17. GRUPO ECONÔMICO. IMPOSSIBILIDADE DE RECONHECIMENTO COM BASE APENAS NA EXISTÊNCIA DE SÓCIOS EM COMUM. TRANSCENDÊNCIA POLÍTICA. CONFIGURAÇÃO. Divisada a possível violação do artigo 2º, § 2º da CLT (transcendência política), impõe-se o provimento ao agravo de instrumento, para determinar o processamento do recurso de revista. Agravo de instrumento conhecido e provido.
>
> II. RECURSO DE REVISTA DA 2ª RECLAMADA APELO REGIDO PELA LEI Nº 13.467/17. GRUPO ECONÔMICO. IMPOSSIBILIDADE DE RECONHECIMENTO COM BASE APENAS NA EXISTÊNCIA DE SÓCIOS EM COMUM. TRANSCENDÊNCIA POLÍTICA. CONFIGURAÇÃO.
>
> Na esteira do atual entendimento da Subseção I Especializada em Dissídios Individuais do TST, a formação de grupo econômico entre empresas pressupõe a existência de controle e fiscalização por uma empresa líder, não sendo suficiente a mera ocorrência de sócios em comum ou a relação de coordenação entre as pessoas jurídicas. O Tribunal Regional, ao manter a responsabilidade solidária da recorrente com base no artigo 2º, § 2º, da CLT, ao fundamento de existência de "registro de que a segunda

acionada é sócia-acionista da primeira empresa reclamada", incorreu em violação do referido dispositivo legal (transcendência política). Por outro lado, o quadro fático delineado no acórdão foi no sentido da ausência de comprovação da efetiva retirada da recorrente do quadro societário, curso do contrato de trabalho do reclamante. Pertinência da Súmula 126 do TST, no particular. Precedentes. Recurso de revista conhecido e provido. (PROCESSO Nº TST-RR-882-97.2015.5.05.0251 – 5ª turma – Relator: JOÃO PEDRO SILVESTRIN).

## 4. INCIDENTES DE UNIFORMIZAÇÃO DE JURISPRUDÊNCIA

No âmbito dos Tribunais Regionais, a legalidade do contrato de facção vem se tornando pacífica, com ênfase ao Tribunal Regional do Trabalho da 15ª Região, onde o Incidente de Uniformização de Jurisprudência 0005522-10.2016.5.15.0000 (IUJ) firmou tese prevalecente no seguinte sentido:

> "CONTRATO DE FACÇÃO. RESPONSABILIDADE SUBSIDIÁRIA DA EMPRESA CONTRATANTE. INEXISTÊNCIA. Não há responsabilidade trabalhista da empresa contratante, destinatária do produto final, quando preenchidos todos os requisitos legais do contrato de facção, desde que não haja fraude na contratação e não se configure terceirização de mão de obra". (PROCESSO nº 0005522-10.2016.5.15.0000 (IUJ) Desembargadora Relatora MARIA MADALENA DE OLIVEIRA; publ. DEJT 12/07/2017).

Mesmo que o encerramento das atividades do faccionário decorra da rescisão do contrato de facção, não se imputa qualquer responsabilidade subsidiária ao contratante, pelas verbas trabalhistas inadimplidas pelo faccionário. Neste sentido decidiu o TRT 15ª Região, recentemente:

> (...) "Nada obstante, tem-se, ainda, que o encerramento das atividades da primeira reclamada, em razão da rescisão do contrato por iniciativa da segunda ré, por si só, não constitui motivo suficiente para a transferência da responsabilidade pelas verbas trabalhistas inadimplidas. (...)"
> (TRT 15ª Região, Processo 0012848-34.2015.5.15.0007. Relator: CARLOS ALBERTO BOSCO, 7ª câmara, data publicação 06/07/2016).

A orientação majoritária dos tribunais especializados parte da premissa segundo a qual contrato de facção não se confunde com terceirização e que o faccionário corresponde ao verdadeiro empregador, que desenvolve atividade econômica, assumindo os riscos dela decorrentes.

A situação também não é diferente em relação ao TRT 21ª Região, que já efetivou o julgamento do processo UIJ 0000355-10.2017.5.21.0000.

> **Incidente de Uniformização de Jurisprudência (IUJ). Contrato de Facção celebrado com a Guararapes Confecções S/A. Divergência entre as Turmas do Tribunal Regional. Responsabilidade Subsidiária /Solidária ou Irresponsabilidade.** Não se discute neste incidente de uniformização a legalidade ou não da celebração de contratos de facção pela Guararapes

Confecções S/A. Com efeito, o contrato de facção na indústria têxtil tem como objeto a entrega de um produto elaborado em seu âmbito e por seus empregados, desenvolvendo-se a sua realização sem ingerência da contratante, com a finalidade de execução de peças a serem entregues à contratante pela contratada. A empresa contratada deve ter como característica a prestação de serviços de forma não exclusiva e autônoma. Ou seja, trata-se de avença que tem por objeto a execução de serviços de acabamento, incluídos aí os eventuais aviamentos, pela parte contratada, em peças entregues pela parte contratante. Constituem características dessa modalidade contratual: 1) a entrega de peças em "estado bruto" pela empresa contratante; 2) a realização dos serviços nas instalações da empresa contratada; 3) a autonomia da empresa contratada; 4) a entrega, ao final, de produtos acabados pelo contratante; e 5) a inexistência de exclusividade na prestação de serviços pela empresa contratada, que, em regra, presta serviços a mais de uma empresa.

O ponto nevrálgico do debate centra-se na responsabilidade (solidária ou subsidiária) ou na ausência de responsabilidade da referida tomadora dos serviços em relação aos contratos de trabalho firmados com pessoas jurídicas diversas.

Nesse aspecto, examinando-se o acervo jurisprudencial constante do site do Tribunal, constata-se que a maioria do Colegiado, observando os limites dos pedidos formulados nas iniciais das reclamatórias, entende pela declaração da responsabilidade subsidiária da Guararapes S/A no contexto, na medida em que presentes, pela prova produzida em cada demanda, os aspectos da ingerência ou da exclusividade, o que descaracteriza o contrato de facção. Noutras palavras: o substrato fático que dá alento à responsabilidade subsidiária da Guararapes S/A permite concluir a exclusividade na prestação de serviços ou a intervenção no processo produtivo de sua mercadoria, o que desnatura o contrato de facção, ante a absoluta inexistência de independência do fabricante.

**Incidente de uniformização julgado, no sentido de que se aplica a responsabilidade subsidiária da Guararapes S/A nos contratos de facção, quando se evidenciar a descaracterização deste contrato pela presença de exclusividade na prestação dos serviços para a empresa contratante ou de ingerência na produção da contratada.**

Neste caminhar pode-se concluir que, conforme entendimento do c. TST, o substrato fático que dá ensejo à caracterização da responsabilidade subsidiária é aquele em que presentes a exclusividade na prestação de serviços ou a intervenção no processo produtivo de sua mercadoria, o que afasta a natureza do contrato de facção, ante a absoluta inexistência de independência do fabricante[19].

## 5. POSICIONAMENTO DO TST EM RELAÇÃO AOS CONTRATOS DE FACÇÃO

Passamos a analisar a jurisprudência firmada pelo TST – Tribunal Superior do Trabalho sobre **contrato de facção, que dispõe do entendimento de que não há responsabilidade nesta modalidade contratual:**

---

19 Processo UIJ 0000355-10.2017.5.21.0000 – TRT 21ª Região. Desembargador Relator: ERIDSON JOÃO MEDEIROS FERNANDES.

RECURSO DE REVISTA DA SEGUNDA-RECLAMADA AREZZO INDÚSTRIA E COMÉRCIO S.A. – PROCESSO INTERPOSTO SOB A ÉGIDE DA LEI Nº 13.015/2014, DO CPC/2015 E DA INSTRUÇÃO NORMATIVA Nº 40 DO TST – CONTRATO DE FACÇÃO – RESPONSABILIDADE SUBSIDIÁRIA – INEXISTÊNCIA. 1. O contrato de facção destina-se ao fornecimento de produtos por um empresário a outro, a fim de que deles se utilize em sua atividade econômica. O referido ajuste, ao contrário da terceirização a que alude a Súmula nº 331, IV, do TST, não visa à obtenção da mão de obra imprescindível à realização de atividades-meio de uma das partes da avença, mas tão somente da matéria-prima necessária à exploração do seu objeto social, motivo pelo qual aquele que adquire os bens em comento não pode ser responsabilizado subsidiariamente pelos créditos trabalhistas devidos aos empregados de seu parceiro comercial. 2. No caso dos autos, as reclamadas firmaram contrato de prestação de serviços de confecção de calçados, por meio de contrato de facção, no qual a segunda-reclamada repassava modelagem e amostras para serem confeccionadas pela primeira-reclamada, sem exclusividade, e a fiscalização operada pela segunda-reclamada se dava com vistas à observância da qualidade da produção, não se dirigindo diretamente aos empregados da linha de produção. 3. Portanto, tal atitude não configura, por si só, ingerência, sendo perfeitamente aceitável que a empresa contratante tenha interesse no controle da qualidade dos produtos que seriam adquiridos. 4. Assim, constata-se que o reclamante se encontrava subordinado, exclusivamente, à primeira-reclamada. Inaplicável ao caso dos autos o disposto na Súmula nº 331, IV, do TST, por inexistir terceirização de serviços na hipótese. Recurso de revista conhecido e provido. RECURSO DE REVISTA DA PRIMEIRA-RECLAMADA PITOLLE CALÇADOS LTDA. – PROCESSO INTERPOSTO SOB A ÉGIDE DA LEI Nº 13.015/2014, DO CPC/2015 E DA INSTRUÇÃO NORMATIVA Nº 40 DO TST – HONORÁRIOS ADVOCATÍCIOS – REQUISITOS NÃO PREENCHIDOS – AUSÊNCIA DE ASSISTÊNCIA SINDICAL. A condenação ao pagamento de honorários advocatícios no processo do trabalho não decorre pura e simplesmente da sucumbência. É imperiosa a observância conjunta dos requisitos afetos à prestação de assistência jurídica pelo sindicato profissional e à insuficiência econômica do autor. Incidência das Súmulas nºs 219, I, e 329 do TST. Recurso de revista conhecido e provido.

(TST – RR: 4653320145040373, Relator: Luiz Philippe Vieira de Mello Filho, Data de Julgamento: 21/03/2018, 7ª Turma, Data de Publicação: DEJT 23/03/2018)

RECURSO DE REVISTA. CONTRATO DE FACÇÃO. RESPONSABILIDADE. SUBSIDIÁRIA. ÓBICE DA SÚMULA 126 DO TST. O contrato de facção consiste no negócio jurídico estabelecido entre empresas, em que uma das partes se responsabiliza pelo fornecimento de produtos a outra, a fim de que sejam utilizados em sua atividade produtiva. O seu objeto não visa o fornecimento de mão de obra, mas de produtos acabados. No caso, o Tribunal Regional, soberano na análise da prova, assentou a existência de contrato de facção, sem ingerência exercida pela segunda Reclamada no sistema produtivo da empresa contratada (primeira Reclamada), consignando que "(...) se extrai da prova dos autos que a autora foi contratada diretamente pela primeira ré e dela recebia ordens, conforme depoimento da primeira testemunha da autora". Acrescentou, ainda, que "(...) o pagamento de salários era realizado exclusivamente pela primeira ré". E concluiu tratar-se "(...) de situação que não se confunde com a hipótese contemplada no inc. IV da Súmula nº 331 do TST". Nesse contexto, para se entender de forma diversa, ou seja, pela incidência da responsabilidade subsidiária (terceirização), como pretende a Recorrente, seria necessário o reexame de fatos e provas, procedimento vedado nesta instância extraordinária, nos termos da Súmula 126 do TST. Recurso de Revista não conhecido.

(TST – RR: 20927420115120011, Relator: Douglas Alencar Rodrigues, Data de Julgamento: 03/02/2016, 7ª Turma, Data de Publicação: DEJT 12/02/2016)

AGRAVO DE INSTRUMENTO. RECURSO DE REVISTA. RESPONSABILIDADE SUBSIDIÁRIA. CONTRATO DE FACÇÃO. INAPLICABILIDADE DA SÚMULA 331, IV, DO TST. O contrato de facção tem por objeto o fornecimento de produtos acabados, motivo pelo qual não se confunde com o contrato de prestação de serviços, na modalidade de fornecimento de mão de obra, previsto na Súmula 331/TST. Havendo o registro no acórdão de que houve contrato de facção entre as empresas, e que estão ausentes a exclusividade e a ingerência, não há como se atribuir responsabilidade solidária ou subsidiária ao empregador que realizou ajuste comercial para compra de bens, sem a revisão de fatos e provas, procedimento não admitido em recurso de revista (Súmula 126/TST). Precedentes. Agravo de instrumento conhecido e não provido.

(TST – AIRR: 348001720095010283, Relator: Alexandre de Souza Agra Belmonte, Data de Julgamento: 01/10/2014, 3ª Turma, Data de Publicação: DEJT 03/10/2014)

RECURSO DE REVISTA – CONTRATO DE FACÇÃO – RESPONSABILIDADE SUBSIDIÁRIA – INEXISTÊNCIA. O contrato de facção destina-se ao fornecimento de produtos por um empresário a outro, a fim de que deles se utilize em sua atividade econômica. O referido ajuste, ao contrário da terceirização a que alude a Súmula nº 331, IV, do TST, não visa à obtenção da mão de obra imprescindível à realização de atividades meio de uma das partes da avença, mas tão somente da matéria prima necessária à exploração do seu objeto social, motivo pelo qual, aquele que adquire os bens em comento não pode ser responsabilizado subsidiariamente pelos créditos trabalhistas devidos aos empregados de seu parceiro comercial. No caso dos autos, as reclamadas firmaram contrato de prestação de serviços de confecção de calçados, por meio de contrato de facção, no qual a segunda-reclamada repassava modelagem e amostras para serem confeccionadas pela primeira-reclamada, sem exclusividade, e a fiscalização operada pela segunda-reclamada se dava com vistas à observância da qualidade da produção, não se dirigindo diretamente aos empregados da linha de produção. Portanto, tal atitude não configura, por si só, ingerência, sendo perfeitamente aceitável que a empresa contratante tenha interesse no controle da qualidade dos produtos que seriam adquiridos. Assim, constata-se que a reclamante se encontrava subordinada, exclusivamente, à primeira-reclamada. Inaplicável ao caso dos autos o disposto na Súmula nº 331, IV, do TST, por inexistir terceirização de serviços na hipótese. Recurso de revista conhecido e provido.

(TST – RR: 2402220105040383, Relator: Luiz Philippe Vieira de Mello Filho, Data de Julgamento: 21/05/2014, 7ª Turma, Data de Publicação: 23/05/2014)

"I – AGRAVO DE INSTRUMENTO EM RECURSO DE REVISTA INTERPOSTO ANTES DA VIGÊNCIA DA LEI Nº 13.467/2017. RESPONSABILIDADE SUBSIDIÁRIA. CONTRATO DE FACÇÃO. SÚMULA Nº 331, IV, DO TST. INAPLICABILIDADE. Potencializada a indicada contrariedade à Súmula nº 331, IV, do TST, dá-se provimento ao agravo de instrumento para determinar o julgamento do recurso de revista. Agravo de instrumento conhecido e provido. II – R ECURSO DE REVISTA INTERPOSTO ANTES DA VIGÊNCIA DA LEI Nº 13.467/2017. RESPONSABILIDADE SUBSIDIÁRIA. CONTRATO DE FACÇÃO. SÚMULA Nº 331, IV, DO TST. INAPLICABILIDADE. A jurisprudência desta Corte firmou-se no sentido de afastar a responsabilidade subsidiária nos casos de contrato de facção, por se tratar de um contrato civil, na área industrial e de natureza híbrida, especialmente quando evidenciada a ausência de exclusividade ou ingerência na administração da prestação de serviços. No caso em exame, verificado que a única premissa a sustentar a conclusão do Regional quanto ao desvirtuamento do contrato de facção, com consequente atribuição de responsabilidade subsidiária à recorrente, se deu em face da inserção do objeto contratual em atividade finalística da empresa, o recurso de revista é conhecido e provido, em face da má aplicação do item IV da Súmula nº 331 do TST. Recurso de revista conhecido e provido" (RR-20330-42.2014.5.04.0373, 5ª Turma, Relator Desembargador Convocado Joao Pedro Silvestrin, DEJT 20/11/2020).

"AGRAVO DE INSTRUMENTO EM RECURSO DE REVISTA. RESPONSABILIDADE SUBSIDIÁRIA. A jurisprudência desta Corte Superior é a de que, nos casos de contrato de facção, por se tratar de um contrato civil, na área industrial e de natureza híbrida, especialmente quando evidenciada a ausência de exclusividade ou ingerência na administração da prestação de serviços, não é possível o reconhecimento da responsabilidade subsidiária, pois é inaplicável a Súmula nº 331 do TST. Precedentes. Agravo de instrumento conhecido e não provido" (AIRR-1002347-35.2016.5.02.0070, 8ª Turma, Relatora Ministra Dora Maria da Costa, DEJT 27/04/2020).

"AGRAVO INTERPOSTO CONTRA DECISÃO DENEGATÓRIA DE SEGUIMENTO DE EMBARGOS PROFERIDA POR MINISTRO PRESIDENTE DE TURMA SOB A ÉGIDE DA LEI 13.015/2014. CONTRATO DE FACÇÃO – FORNECIMENTO DE PRODUTOS. ALEGAÇÃO DE CONTRARIEDADE À SÚMULA 126 DO TST. Não merece reparos decisão monocrática por meio da qual se denegou seguimento aos embargos. A decisão turmária, amparada pelo acórdão regional, concluiu que é incontroversa a ausência de exclusividade no fornecimento dos produtos fabricados no âmbito da primeira Reclamada e que não há indícios de interferência na autonomia técnica, financeira e gerencial da empresa contratada. Ressaltou, ainda, que as especificações para a fabricação dos produtos e o controle de qualidade não ensejam o reconhecimento da terceirização na hipótese, mas apenas contrato de facção. A decisão agravada, por sua vez, registrou a inexistência de contrariedade à Súmula 126 do TST e asseverou que os arestos transcritos são inespecíficos, com fulcro na Súmula 296, I, do TST. Observe-se, nesse cenário, que o acórdão da 8ª Turma não revolveu o conjunto fático probatório delineado nos autos, somente deu enquadramento jurídico diverso à situação fática descrita pelo Tribunal Regional, no sentido de afastar a responsabilidade subsidiária da quinta Reclamada – DUDALINA – por entender caracterizado o contrato de facção. Com efeito, as premissas noticiadas pelo acórdão regional autorizam a conclusão adotada pela decisão proferida pela 8ª Turma, sem que tenha ocorrido reexame de fatos e provas. Portanto, incólume a Súmula 126 do TST. Por outro lado, conforme corretamente registrado pela decisão agravada, os paradigmas transcritos não se revelam específicos para configurar o confronto jurisprudencial, pois não abordam a mesma realidade fática retratada nos autos. Observe-se que os julgados oferecidos apresentam a hipótese em que, para se concluir de forma diversa seria necessário o revolvimento de fatos e provas. Infere-se, por conseguinte, que dizem respeito a situações diversas da constante nos presentes autos. A divergência jurisprudencial hábil a impulsionar o recurso de embargos, nos termos da Súmula 296, I, do TST, exige que os arestos postos a cotejo reúnam as mesmas premissas de fato e de direito ostentadas no caso concreto. Assim, a existência de circunstância diversa torna inespecíficos os julgados. Agravo conhecido e desprovido "(AgR-E–RR-770-08.2013.5.09.0019, Subseção I Especializada em Dissídios Individuais, Relator Ministro Alexandre Luiz Ramos, DEJT 22/11/2019).

RECURSO DE REVISTA – RESPONSABILIDADE SUBSIDIÁRIA – DESCARACTERIZAÇÃO – CONTRATO DE FACÇÃO. No caso dos autos, consoante se verifica na decisão impugnada, foi firmado contrato particular de prestação de serviços entre as reclamadas, cujo objeto era a execução de serviços de costura de roupas a partir de matéria-prima (tecidos e malhas) já cortada, utilizada pela contratante em sua fábrica, cabendo à contratante entregar à empresa contratada as peças e todos os aviamentos/especificações necessários à confecção das roupas. Ressalte-se que, segundo lançado no acórdão regional, a suposta ingerência operada pelo preposto na empresa contratada se dava na qualidade e no controle da produção da prestadora. Tal atitude não configura, por si só, ingerência, sendo perfeitamente aceitável que a empresa contratante tenha interesse no controle da qualidade dos produtos que seriam adquiridos. Assim, o quadro fático registrado no acórdão regional não evidencia o desvirtuamento do contrato de facção. Inaplicável ao caso dos autos o disposto na Súmula nº 331, I, do TST, por inexistir terceirização de serviços na hipótese. Recurso de revista conhecido e provido. (TST, 7ª Turma, Proc. TST-RR-132-34.2016.5.21.0019, Ministro Luiz Philippe Vieira de Mello Filho, julgado em 02/08/2017)

> RECURSO DE REVISTA. APELO INTERPOSTO NA VIGÊNCIA DA LEI Nº 13.015/2014. CONTRATO DE FACÇÃO. RESPONSABILIDADE SUBSIDIÁRIA. INAPLICABILIDADE DA SÚMULA Nº 331, IV, DO TST. Conforme entendimento sedimentado neste TST, a definição das características dos produtos a serem produzidos e a definição dos padrões de qualidade, com a correspondente fiscalização, não são elementos suficientes, por si só, para descaracterizar o contrato mercantil de facção. Ainda na forma do entendimento assente, não cabe, no âmbito de tal modalidade contratual, a responsabilização subsidiária da empresa contratante destinatária do produto final. Recurso de Revista conhecido e provido. (TST – RR: 8930220125040303, Relator: Maria de Assis Calsing, Data de Julgamento: 17/02/2016, 4ª Turma, Data de Publicação: DEJT 19/02/2016).

No caso abaixo, a Hering contratou uma empresa para fazer os serviços de acabamento em roupas. Não havia ingerência da Hering sobre a Stinghen, muito menos esta prestava sérvios com exclusividade[20].

> AGRAVO DE INSTRUMENTO. RECURSO DE REVISTA. CONTRATO DE FACÇÃO. RESPONSABILIDADE SUBSIDIÁRIA. INOCORRÊNCIA. 1. Inadmissível recurso de revista interposto contra acórdão de Tribunal Regional do Trabalho proferido em conformidade com a iterativa, notória e atual jurisprudência do Tribunal Superior do Trabalho (Súmula nº 333 do TST). 2. O – contrato de facção – consiste em

---

[20] PINTO, Sergio Martins. *Terceirização no direito do trabalho.* 14 ed. São Paulo: Saraiva, 2017, pág. 189

ajuste de natureza híbrida em que há, a um só tempo, prestação de serviços e fornecimento de bens. Trata-se de avença que tem por objeto a execução de serviços de acabamento, incluídos aí os eventuais aviamentos, pela parte contratada, em peças entregues pela parte contratante. 3. Não há, nesse contexto, espaço para virtual caracterização quer de *culpa in vigilando* quer de *culpa in eligendo* – pressupostos de imputação de responsabilidade subsidiária –, desde que as atividades da empresa contratada desenvolvam-se de forma absolutamente independente, sem qualquer ingerência da empresa contratante. 4. O TRT de origem, após analisar o conjunto fático probatório, concluiu que a empresa de facção atuava com autonomia econômica e administrativa, sem ingerência por parte dos contratantes, o que afasta a responsabilidade subsidiária da tomadora de serviços. Entendimento em conformidade com a jurisprudência assente do Tribunal Superior do Trabalho. 5. Agravo de instrumento a que se nega provimento.

(TST – AIRR: 1945-34.2011.5.12.0048, Relator: João Oreste Dalazen, Data de Julgamento: 11/09/2013, 4ª Turma, Data de Publicação: DEJT 27/09/2013)

# 6. FRAUDES NO CONTRATO DE FACÇÃO

No Direito do Trabalho, o *princípio da primazia da realidade*, deve-se verificar, em cada caso em concreto, a efetiva verdade dos fatos, e não a simples forma ou denominação atribuída ao negócio jurídico.

Deve-se distinguir, portanto, o verdadeiro contrato de facção, do mero fornecimento de mão de obra, bem como da terceirização de serviços.

Há se verificar também situações que não configuram contrato de facção, como, por exemplo, o trabalho precário exercido por trabalhadores imigrantes irregulares no País, que entregam sua força de trabalho para indústria da moda em condições análogas a escravos.

A prática que visa repassar a terceiros a realização de dada atividade integrante da produção, efetuando pagamento apenas das unidades encomendadas e entregues, ocasionando, desta forma, a redução do quadro de empregados, a precarização do trabalho e a deterioração das relações de classe e a própria manutenção da vida dos trabalhadores.

Empresas, com o objetivo de reduzir custos, acabam por transferir parte de sua produção para outras pequenas empresas conhecidas, genericamente, como oficinas de costura, encarregadas apenas de costurar peças já cortadas, constituindo na realidade uma intermediação de mão de obra disfarçada de contrato de natureza civil.

Por outro lado, o Brasil, por apresentar um desempenho positivo de sua economia ao longo dos últimos anos, serviu como polo de atração a milhares de trabalhadores sul-americanos que chegam à capital paulista buscando melhores condições de vida e de trabalho.

O cenário é extremamente precário. Nas chamadas oficinas de costura, encontram-se diversos trabalhadores imigrantes, na sua maior parte vindos de países como Bolívia, Paraguai e Peru, que trabalham por mais de 14 horas para receber valores próximos ao salário mínimo e sem as mais básicas condições de segurança e saúde.

Muitas vezes, para chegar nas capitais do País, esses trabalhadores acabam contraindo dívidas que são descontadas dos salários já baixos, ocasionando situações de servidão e de restrição da liberdade de locomoção.

A extrema pulverização da produção têxtil aumenta, incrivelmente, a concorrência entre as oficinas de costura e rebaixa os preços a um nível insuportável para a maior parte delas.

A confusão entre as atividades fim e meio, noção jurídica introduzida no direito brasileiro por meio do Enunciado 331, do TST, torna-se ainda mais evidente na atividade de costura. Segundo a tese de boa parte da indústria da moda, sua atividade finalística, hoje em dia, é o *design*, o estilo, e não a manufatura e o comércio do produto em si.

Havendo fraudes à referida modalidade contratual, a se ser reconhecida a responsabilidade solidária. Neste sentido já decidiu o Tribunal Superior do Trabalho:

> AGRAVO DE INSTRUMENTO EM RECURSO DE REVISTA. RESPONSABILIDADE SOLIDÁRIA. CONTRATO DE FACÇÃO. DESCARACTERIZAÇÃO. INTERMEDIAÇÃO ILÍCITA DE MÃO DE OBRA. O contrato de facção consiste no negócio jurídico interempresarial, de natureza fundamentalmente mercantil, em que uma das partes, após o recebimento da matéria-prima, se obriga a confeccionar e fornecer os produtos acabados para ulterior comercialização pela contratante. O entendimento desta Corte Superior é no sentido de que no contrato típico de facção – desde que atenda os requisitos acima referidos, sem desvio de finalidade – não se há de falar em responsabilidade da empresa contratante pelos créditos trabalhistas dos empregados da empresa faccio-

nária. Todavia, é possível a condenação quando se evidenciar a descaracterização dessa modalidade contratual. A exclusividade na prestação dos serviços para a empresa contratante pode ser indício de fraude, assim como a interferência na forma de trabalho dos empregados da contratada. No caso em apreço, o Tribunal Regional, soberano na apreciação do conjunto fático-probatório dos autos, registrou que a atividade da recorrente não se limitava à mera fiscalização da fabricação dos produtos encomendados e que havia ingerência sobre as demais reclamadas, nas diretrizes para implantação de plano de ação para correção de irregularidades com os padrões de saúde e segurança, observância de normas de emprego do grupo Adidas, bem como para adequações internas. Vale dizer, o quadro fático delineado no acórdão regional reflete a existência de terceirização ilícita da atividade-fim da reclamada (diante do desvirtuamento do contrato de facção), o que caracteriza burla à legislação trabalhista, nos termos do artigo 9º da CLT. Tal constatação permite, com fulcro no artigo 942 do Código Civil, a responsabilização solidária dos coautores. Precedentes. Agravo de instrumento a que se nega provimento.

(TST – AIRR: 2695320135030041, Relator: Claudio Mascarenhas Brandão, Data de Julgamento: 21/05/2014, 7ª Turma, Data de Publicação: 23/05/2014)

A jurisprudência do TST tem reconhecido que o contrato regular de facção não impõe à empresa contratante as consequências jurídicas de um contrato de terceirização, porque ali o objeto da avença é a compra de parte da produção do empregador, e não a locação de suas instalações e força de trabalho, exceto se houver fraudes.

AGRAVO DE INSTRUMENTO EM RECURSO DE REVISTA EM FACE DE DECISÃO PUBLICADA ANTES DA VIGÊNCIA DA LEI Nº 13.015/2014. PROCEDIMENTO SUMARÍSSIMO. RESPONSABILIDADE SUBSIDIÁRIA. CONTRATO DE FACÇÃO. O contrato de facção consiste no negócio jurídico interempresarial, de natureza fundamentalmente mercantil, em que uma das partes, após o recebimento da matéria-prima, se obriga a confeccionar e fornecer os produtos acabados para ulterior comercialização pela contratante. O entendimento desta Corte Superior é no sentido de que no contrato típico de facção – desde que atenda os requisitos acima referidos, sem desvio de finalidade – não se há de falar em responsabilidade subsidiária da empresa contratante pelos créditos trabalhistas dos empregados da empresa faccionária. Todavia, é possível a condenação quando se evidenciar a descaracterização dessa modalidade contratual. A exclusividade na prestação dos serviços para a empresa contratante pode ser indício de fraude, assim como a interferência na forma de trabalho dos empregados da contratada. No caso o Tribunal Regional, soberano na apreciação do conjunto fático-probatório dos autos, registrou que as empresas reclamadas firmaram entre si um contrato de facção limitado, **mas com exclusividade na prestação dos serviços** e ingerência da empresa contratante nas atividades da empresa contratada. Assim, ao atribuir a responsabilidade subsidiária à contratante, o Tribunal Regional decidiu em sintonia com a iterativa e notória jurisprudência desta Corte Superior. Agravo de instrumento a que se nega provimento. RESPONSABILIDADE SUBSIDIÁRIA. ABRANGÊNCIA. A responsabilidade subsidiária abrange todas as parcelas deferidas ao reclamante, resultantes da prestação de serviços em prol do tomador. Nesse sentido a Súmula nº 331, VI, do TST, com a qual se coadunou a decisão regional. Agravo de instrumento a que se nega provimento. (...) (AIRR – 2087-52.2011.5.12.0011, Relator Ministro: Cláudio Mascarenhas Brandão, Data de Julgamento: 24/02/2016, 7ª Turma, Data de Publicação: DEJT 04/03/2016).

Assim ao interpretar o julgado acima, conclui-se que a utilização de modo fraudulento do contrato de facção, com o objetivo de precarizar as condições de trabalho e afastar eventuais garantias de adimplementos dos créditos trabalhistas devem ser observados como sendo exceção e não a regra.

Frise-se que o desvirtuamento do contrato de facção existe quando, em lugar de uma aquisição de parte da produção da empresa parceira, o que existe é a simples locação de suas instalações e corpo laboral, com exclusividade e com a atribuição direta da direção dos trabalhos pelo contratante.

## 7. *COMPLIANCE* – MEIO DE EVITAR FRAUDES À MODALIDADE DO CONTRATO DE FACÇÃO

Inicialmente destaca-se que a prática exercida através da modalidade contratual de facção não revela qualquer intuito fraudulento. Ao contrário, decorre de uma estratégia oriunda do mercado competitivo, que em última análise é exigida por nós quanto consumidores, sendo precisamente este núcleo protegido pela liberdade de iniciativa insculpida nos artigos 1º, IV e 170 da Constituição Federal do Brasil.

De fato, a incessante busca por eficiência existe porque às empresas cabe assumir o risco da atividade, sabendo que, por via de consequência, a perda de mercado significa uma real ameaça a sua sobrevivência, e consequentemente, ao emprego dos trabalhadores.

Não há como negar que os valores do trabalho e da livre iniciativa são intrinsecamente conectados e assim precisam se manter.

**O aumento da conformidade legal das empresas, cada vez mais, depende da adoção de programas de *compliance* de contratos e de cláusulas de *compliance* nas empresas.**

> A expressão *compliance* se origina do verbo em inglês *to comply*, que significa, em síntese, satisfazer as imposições de ordem legal ou de ordem interna da empresa.
>
> O objetivo das normas de *compliance* é focar o resultado a ser atingido, ou seja, mitigar os riscos decorrentes do cometimento de condutas pessoais ou organizacionais consideradas ilícitas ou incoerentes com princípios, missões, visão ou objetivos de uma empresa.

Desde a aprovação da Lei Anticorrupção, as empresas passaram a adotar políticas internas e códigos de conduta para que possa ser garantida a conformidade de todos os setores. Popularizam-se medidas sociais, ambientais, de governança e termos como ESG e *Compliance* estão ganhando cada vez mais espaço.

Quando mencionamos a terminologia *compliance*, estamos nos referindo a estabelecer vetores para cumprimento das regras deforma a integrar o controle de processos a outras medidas de segurança.

*Compliance* cuida um novo modelo de gestão e governança orientado pela ética, integridade e transparência, cujo objetivo é garantir a conformidade dos processos e aprimoramento dos mecanismos de prevenção, detecção e correção que impeçam a ocorrência de desvios.

As regras para feituras de contratos de facção devem vir acompanhadas de uma gestão de governança que causa segurança jurídica aos negócios celebrados através de contratos de facção.

Pondere-se também que a *due diligence* é permitida nesta modalidade contratual, até mesmo porque há recentes legislações que impõem este dever ao contratante, como disposto na Lei Geral de Proteção de Dados (Lei 13.709/18).

Nasce um novo olhar voltado para as negociações do futuro, buscando formas para evitar fraudes e combater práticas ilícitas, sendo essencial para que a empresa possa garantir relações transparentes e éticas com seus contratantes.

# CAPÍTULO III
# CONTRATO DE TERCEIRIZAÇÃO

## 1. TERCEIRIZAÇÃO E SUAS PARTICULARIDADES

A Terceirização surgiu como forma de dinamizar e especializar os serviços das empresas.

O fenômeno da terceirização surgiu no meio fático empresarial e foi reconhecido pelo direito, em vista das inúmeras repercussões causadas no contexto trabalhista, em razão da complexidade contratual resultante do instituto, o qual desafia o próprio conceito de empregador, fugindo da regra da relação bilateral de trabalho, na medida em que passa a existir um intermediário entre trabalhador e a empresa que o contratou, formando-se uma relação triangular.[21]

Ocorre a terceirização quando uma empresa, em vez se executar serviços diretamente com seus empregados, contrata outra

---

21  LEAL, RONAN e Gabriel Sad Salomão Martins - *Terceirização: Breve histórico e evolução no que tange à atividade-fim e o poder diretivo do contratante*. Url: https://migalhas.uol.com.br/depeso/319128/terceirizacao--breve-historico-e-evolucao-no-que-tange-a-atividade-fim-e-o-poder-diretivo-do-contratante

empresa para que esta realize, com o seu sob a sua responsabilidade. O empregado é contratado pela empresa intermediadora (empregadora), mas presta serviços em outro local (empresa tomadora).[22] Neste sentido:

> "A terceirização consiste na possibilidade de contratar terceiros para a realização de atividade que não constituem, em regra, o objeto principal da empresa. Em princípio a vantagem da terceirização o está na possibilidade de a empresa contratante centralizar seus esforços na atividade fim ou principal, deixando as atividades secundárias ou meio para um terceiro realizar.[23]

Para o Direito do Trabalho terceirização é o fenômeno pelo qual se dissocia a relação econômica do trabalho da relação justrabalhista que lhe seria correspondente. Por tal fenômeno insere-se o trabalhador no processo produtivo do tomador de serviços sem que se estendam a este os laços justrabalhistas, que se preservam fixados com uma entidade interveniente. A terceirização provoca uma relação trilateral em face da contratação de força de trabalho no mercado capitalista: obreiro, prestador de serviços, que realiza suas atividades junto à empresa tomadora de serviços; a empresa terceirizante, que contrata este obreiro, firmando com ele os vínculos jurídicos trabalhistas pertinentes; a empresa tomadora de serviços, que recebe a prestação do labor, mas não assume a posição clássica de empregadora desse trabalhador envolvido.[24]

---

22 CORREIA, Henrique. *Resumo de Direito do Trabalho*. Salvador: Editora JusPodivm, 2018, p.259.
23 BARRETO, Glaucia. *Curso de Direito do Trabalho*. Niterói: Impetus, 2008, pág. 94
24 DELGADO, Maurício Godinho. *Curso de Direito do Trabalho*: oba revista e atualizada conforme a lei da reforma trabalhista e inovações normativas e jurisprudências posteriores. 18ª edição. São Paulo: LTr, 2019, pág. 541.

Essa contratação pode compreender tanto a produção de bens como serviços, como ocorre na necessidade de contratação de serviços de limpeza, de vigilância ou até de serviços temporários.

Terceirização da atividade diz respeito à empresa. Terceirização da mão de obra diz respeito a serviço.[25]

O objetivo principal da terceirização não é apenas redução de custo, mas também trazer agilidade, flexibilidade, competitividade à empresa e também para vencer no mercado. Esta pretende, com a terceirização, a transformação dos seus custos fixos em variáveis, possibilitando o melhor aperfeiçoamento do processo produtivo, com transferência de numerário para aplicação em tecnologia ou no seu desenvolvimento, e também em novos produtos.[26]

Os benefícios da terceirização podem ser identificados como:

- Aprimoramento da tarefa pelo aprendizado específico;
- Economias de escala e de escopo;
- Redução da complexidade organizacional;
- Redução de problemas de cálculo e atribuição, facilitando a provisão de incentivos mais fortes a empregados;
- Precificação mais precisa de custos e maior transparência;
- Estímulo à competição de fornecedores externos;
- Maior facilidade de adaptação a necessidades de modificações estruturais;
- Eliminação de problemas de possíveis excessos de produção;

---

[25] MARTINS, Sergio Pinto. *Terceirização no Direito do Trabalho*. 14ª ed. São Paulo: Saraiva. 2017, pág. 31.
[26] MARTINS, Sergio Pinto. Terceirização no Direito do Trabalho. 14ª ed. São Paulo: Saraiva. 2017, pág. 32.

- Maior eficiência pelo fim de subsídios cruzados entre departamentos com desempenhos diferentes;
- Redução dos custos iniciais de entrada no mercado, facilitando o surgimento de novos concorrentes;
- Superação de eventuais limitações de acesso a tecnologias ou matérias-primas;
- Menor alavancagem operacional, diminuindo a exposição da companhia a riscos e oscilações de balanço, pela redução de seus custos fixos;
- Maior flexibilidade para adaptação ao mercado;
- Não comprometimento de recursos que poderiam ser utilizados em setores estratégicos;
- Diminuição da possibilidade de falhas de um setor se comunicarem a outros; e
- Melhor adaptação a diferentes requerimentos de administração, *know-how* e estrutura, para setores e atividades distintas.

A terceirização de uma etapa produtiva é estratégia de organização que depende da peculiaridade de cada mercado e cada empresa, destacando a *opinio doctorum* que por vezes a configuração ótima pode ser o fornecimento tanto interno quanto externo.[27]

É certo ainda, que todas as normas trabalhistas devem ser observadas por cada uma das empresas envolvida na cadeia em relação aos empregados que contratarem, tutelando-se, nos termos em que a constituição assim determina, assegurando sempre, os interesses dos trabalhadores.

---

[27] GULATI, Ranjay; PURANAM, Phanish; BHATTACHARYA, Sourav. "*How Much to Make and How Much to Buy? An Analysis of Optimal Plural Sourcing Strategies.*" Strategic Management Journal 34, nº 10 (October 2013): 1.145-1.161.

Pertinente à terceirização, Augusto Cezar Ferreira de Baraúna afirma:

> "O estágio avançado da terceirização consiste no repasse para terceiros das atividades-chave da empresa, tais como: gestão de certos processos como implantação da qualidade total, algumas atividades de pesquisa e desenvolvimento ou, até mesmo, a gestão de outros fornecedores. Ou seja, o estágio avançado admite que seja implementada uma política de distribuição comercial de responsabilidades, onde as partes contratantes se comprometem em produzir produtos de qualidade, objetivando o aperfeiçoamento do produto final, mesmo que seja repassada tecnologia de uma empresa para outra. Para que este novo estágio de terceirização seja plenamente assimilado pela cadeia produtiva de produtores e fornecedores nesta altura abolida a nomenclatura de tomador e prestador de serviços, é necessária a implementação de alguns princípios comerciais que sirva como fundamento para sua boa estruturação, tais como: um maior entrosamento entre empresa-origem e empresa-destino na produção comercial; maior atenção da empresa-origem na tecnologia de produção e de gestão da empresa-destino; transferência de *know-how* para a empresa destino, desde que essa transferência se traduza em benefícios futuros para a empresa-origem e desde que não gere desvantagens estratégicas posteriores; a terceirização não deve agregar valor ao produto final etc."[28]

---

28   BARAÚNA, Augusto Cezar Ferreira de. *A Terceirização à luz do Direito do Trabalho*. São Paulo: LRD, 1997.

A terceirização, segundo estudos empíricos criteriosos, longe de "precarizar", "reificar" ou prejudicar os empregados, resulta em inegáveis benefícios aos trabalhadores em geral, como a redução do desemprego, diminuição do *turnover*, crescimento econômico e aumento de salários, permitindo a concretização de mandamentos constitucionais como "erradicar a pobreza e a marginalização e reduzir as desigualdades sociais e regionais", "redução das desigualdades regionais e sociais" e a "busca do pleno emprego" (arts. 3º, III, e 170 CRFB).[29]

O limite à livre iniciativa é a base da reflexão enfrentada pelo STF nos julgamentos analisados sobre a terceirização. Antes, necessário se faz, pontuar uma distinção entre terceirização e intermediação e mão de obra, ponto de especial destaque nesses julgados[30].

## 2. A TERCEIRIZAÇÃO DOS SERVIÇOS E A INTERMEDIAÇÃO DE MÃO DE OBRA

A análise da distinção entre a terceirização e a intermediação de mão de obra ganha especial destaque nos votos do Ministro Edson Fachin. Em sua análise, há conclusão de que a terceirização é constitucional e que a intermediação é inconstitucional. Daí a importância de se verificar a diferenciação entre os institutos para, em seguida, ser possível a correta interpretação do comando dos julgamentos do STF, revelando a interpretação da livre iniciativa[31].

---

29 Acordão proferido no Recurso Extraordinário 958.252 https://redir.stf.jus.br/paginadorpub/paginador.jsp?docTP=TP&docID=750817537 (acessado em 07/08/2022)

30 JORGE, André Guilherme lemos. Direito empresarial: estrutura e regulação: volume 2 – São Paulo: Universidade Nove de Julho, UNINOVE, 2018, pág. 19.

31 Idem... página 20.

Sob a análise jurídica, entende-se como terceirização pela definição de Valentim Carrion atualizado por Eduardo Carrion[32]:

> "A terceirização (L. 6.019/74, art. 4º, alt. L. 13.429/17 e L. 13.467/17) é o ato pelo qual a empresa produtora (contratante), mediante contrato, entrega a outra empresa (prestadora) certa tarefa (atividade-meios ou atividades-fim da empresa contratante) para que esta realize habitualmente com seus empregados; transporte, limpeza e restaurante são exemplos típicos".

Essa definição remete a pontos importantes sobre a temática da terceirização. O primeiro deles é a afirmação de ser a terceirização uma *possibilidade*. Assume-se, dessa forma, que é possível, dentro do aspecto da livre iniciativa, a terceirização. Em especial quando remete à *estratégia* da atividade empresarial para organizar e estabelecer métodos e no tocante à terceirização da *atividade* dizer respeito à empresa e, portanto, sua liberdade de ação. O aspecto de *contratar empresa prestadora de serviço* afasta a possibilidade da intermediação de mão de obra. Desse aspecto é que podem surgir *problemas jurídicos*, na medida em que, sendo possível a terceirização, o mesmo não se afirma de suas formas ilegais, como a intermediação de mão de e obra. A ressalva é destacada mesmo entre os defensores da terceirização, enquanto processo mundial de especialização da atividade empresarial[33].

Assim, a intermediação de mão de obra pode ser conceituada pelas palavras de Rodrigo de Lacerda Carelli[34] como sendo:

---

32  CARRION, Valentim - *CLT Comentários à Consolidação das Leis Trabalhistas*, 44ª ed. São Paulo. Saraiva Educação. 2020, pág. 357.
33  PASTORE, José Eduardo G. *Terceirização: necessidade para a economia, desafio para o direito.* São Paulo: LTr, 2015. p. 33.
34  CARELLI, Rodrigo de Lacerda. Terceirização e intermediação de mão de obra na administração pública. *In: Revista LTR: Legislação do Trabalho*, v. 67, nº 6, p. 687, jun. 2003.

"o mero fornecimento de trabalhadores por uma determinada empresa a outra, eximindo-se esta das obrigações derivadas da relação jurídica com eles. Isso, porque, lembrando-se de nossa estrada do Direito do Trabalho e voltando até o seu princípio, verificamos que o trabalho teria virado mercadoria, alugando uma empresa trabalhadores para exercerem suas atividades laborais em outra empresa."

Nesse contexto, a intermediação de mão de obra é prática ilícita que, a despeito de ser considerada espécie de terceirização, não o é. Importa, na realidade, em intermediação de mão de obra, na medida em que possibilita a contratação de empregados por interposta pessoa, intentando-se estabelecer o vínculo laboral não com a tomadora da prestação dos serviços, mas sim com a empresa interposta. Seu objetivo é a redução de custos, em decorrência da tentativa de não configuração da relação de trabalho e negação de direitos trabalhistas assegurados em lei. Trata-se de verdadeira locação da mão de obra necessária à execução do objeto primordial que define a própria existência da organização empresarial tomadora dos serviços. Efetivamente, é essa prática, qual seja, a intermediação de mão de obra, que a Justiça Trabalhista tem censurado[35].

A legislação proíbe a prática da intermediação pelo Decreto nº 2.271/97 que, ao diferenciar a terceirização de serviços da intermediação de mão de obra, prescreveu em seu artigo 4º: "Art. 4º É vedada a inclusão de disposições nos instrumentos contratuais permitam: [...] II– Caracterização exclusiva do objeto como fornecimento de mão de obra" inspirado pelo primeiro princípio fundamental da Constituição da Organização Internacional do Trabalho, conforme a Declaração de Filadélfia de 1944, afirma que "o trabalho não é uma mercadoria".

---

35 JORGE, André Guilherme lemos. *Direito empresarial: estrutura e regulação*: volume 2 - São Paulo: Universidade Nove de Julho, UNINOVE, 2018, pág. 19.

## 3. BASE LEGAL DO CONTRATO DE TERCEIRIZAÇÃO

A partir de 1974, com a lei 6.019/74, que versa sobre o trabalho temporário passou a regulamentar e normatizar esta relação de contratação, assim, o ordenamento jurídico se abriu para a prática da terceirização.

O reconhecimento pelos tribunais trabalhistas veio em 1986, com a edição do enunciado 256 do TST, aprovado pela Resolução 4/1986 (DJ 30.09.1986), com a seguinte redação:

"Contrato de prestação de serviços. Legalidade. Cancelado. Salvo os casos de trabalho temporário e de serviço de vigilância, previstos nas Leis 6.019, de 3.1.1974, e 7.102, de 20.6.1983, é ilegal a contratação de trabalhadores por empresa interposta, formando-se o vínculo empregatício diretamente com o tomador dos serviços".

O enunciado acima transcrito guiou os julgados no sentido de permitir a terceirização apenas para os contratos temporários e de serviços de vigilância, como verdadeira exceção à regra, sob pena de ser caracterizada a relação de emprego entre empresa tomadora de serviços (contratante da empresa que fornece mão de obra) e trabalhadores.[36]

O Tribunal Superior do Trabalho, no Incidente de Uniformização de Jurisprudência indicado como referência ao Enunciado 256, decidiu sobre a terceirização nas relações do trabalho, naquela época, invocando os princípios desse ramo do Direito.

---

36  https://migalhas.uol.com.br/depeso/319128/terceirizacao--breve-historico-e-evolucao-no-que-tange-a-atividade-fim-e-o-poder-diretivo-do-contratante, acessado em 29/11/2020.

Tendo em vista a sua relevância em termos históricos, cabe transcrever a respectiva ementa:

"Contrato de trabalho. Interposta pessoa. Posição do tomador dos serviços. 1. A regra conduz à existência da relação jurídica, do vínculo empregatício, com o tomador dos serviços porquanto 'considera-se empregador a empresa, individual ou coletiva, que, assumindo os riscos da atividade econômica, admite, assalaria e dirige a prestação pessoal de serviços' (artigo 2º da Consolidação das Leis do Trabalho), sendo que a ordem econômica e social, tendo por fim realizar o desenvolvimento nacional e a justiça social, repousa em princípios básicos, dentre os quais destacam-se a valorização do trabalho como condição da dignidade humana, a harmonia e solidariedade entre as categorias sociais de produção e a expansão das oportunidades de emprego produtivo (artigo 160 da Constituição Federal). Exsurge como direito assegurado constitucionalmente aos trabalhadores a liberdade de escolha do empregador, bem como a integração na vida e no desenvolvimento da empresa, com participação nos lucros e, excepcionalmente, na gestão, embora condicionados ao estabelecido em lei (artigos 153, § 36, e 165, inciso V). 2. A exceção – e, por isso mesmo, os preceitos que a preveem são merecedores de interpretação restrita – indica a possibilidade de o tomador dos serviços não assumir, direta e imediatamente, os ônus trabalhistas, valendo-se, para tanto, de contrato de natureza civil, formalizado com outrem e está limitada ao trabalho temporário e ao de vigilância. 3. O *marchandage* – Os primeiros movimentos contrários à exploração do homem pelo homem surgiram na França, após a vitória da Revolução. Em 1º de março de 1848, na Primeira Sessão da Comissão do Governo para Trabalhadores, pleitearam estes e obtiveram a abolição da triste figura, conforme revela, com percuciência, Evaristo de Moraes Filho; em 'Direito do Trabalho – páginas de história e outros ensaios' – LTr, porque a maior queixa contra o *marchandage* vem precisamente disto '... o lucro do intermediário nada mais é do que uma retirada antecipada sobre o salário...' (Salle). 4. A fraude a direitos trabalhistas – No corpo da Consolidação das Leis do Trabalho, tem-se salutar preceito: 'Serão nulos de pleno direito os atos praticados com o objetivo de desvirtuar, impedir ou fraudar a aplicação dos preceitos contidos na presente Consolidação'. 5. Os princípios regedores do direito do trabalho – Conforme Plá Rodriguez, reinam o da proteção ao hipossuficiente, o da irrenunciabilidade, o da continuidade do vínculo e os da realidade, razoabilidade e boa-fé. 6. A questão social – 'O trabalho é a pedra de toque de toda a questão social, sendo imperativo reconhecer a primazia que possui sobre o capital' (João Paulo II – Laborem Exercens). 'O trabalho não é uma mercadoria sujeita à lei da oferta e da procura, que se pode especular com salários, com a vida dos homens, como se faz com o trigo, o açúcar, o café' (Leão XIII, Encíclica 'Rerum Novarum' – 1891 – repetido 50 anos após por João XXIII). 7. A consequência da fraude – Salvo os casos previstos em lei, é ilegal a contratação de trabalhadores, por empresa interposta, exsurgindo o vínculo empregatício diretamente com o tomador dos serviços. Referências: Convenção Internacional número 122, de 1964 – OIT (promulgada pelo Decreto 66.499, de 27 de abril de 1970); Constituição Federal, artigos 153, § 36, 160,

> incisos II, IV e VI, 165, inciso V, Consolidação das Leis do Trabalho, artigos 2º, § 2º, 3º, 9º e 442 a 444; Leis 5.645/1970, artigo 3º, parágrafo único, 6.019/1974 e 7.102/1983; Decreto-lei 200/67, artigo 10, parágrafos 7º e 8º, RODC – 533/83 – Ac. TP-968/85 e RODC – 203/84 – Ac. TP-2.488/85. Precedentes – Recursos de Revista 5.492/80, 6.713/80 e 1.474/85, da Primeira Turma; 2.150/74, 189/79, 4.137/78, 138/79 e 889/81 da Segunda Turma e 402/81 da Terceira Turma" (TST, Pleno, IUJRR 3.442/1984, Ac. 2.208, Rel. Min. Marco Aurélio, j. 04.09.1986, DJ 10.10.1986).

Observa-se aqui, que esse julgado foi proferido sob a égide da Constituição anterior, onde restou frisado que a ordem econômica e social tem por objeto a realização da justiça social, com base em princípios como "a valorização do trabalho como condição da dignidade humana, a harmonia e solidariedade entre as categorias sociais de produção e a expansão das oportunidades de emprego produtivo".

Quando em vigor, o Enunciado 256 do TST, aprovado em setembro de 1986, permitia-se que a terceirização como exceção, ou seja, de forma restritiva, somente nas duas hipóteses previstas em lei, qual seja, trabalho temporário e serviço de vigilância.

Porém, com o decorrer dos anos, a jurisprudência sobre o tema sofrer grandes mudanças.

> Tal situação foi flexibilizada, para abranger mais permissões à prática, quando, em 1993, com a edição da <u>súmula 331</u>, que foi aprovada pela Resolução Administrativa 23/93 de 17 de dezembro de 1993, de acordo com a orientação do órgão Especial do Tribunal Superior do Trabalho, tendo sido publicada em 21 de

dezembro de 1993 no Diário da Justiça da União, fruto de uma revisão e ampliação do enunciado 256, permitiu que toda atividade-meio, e não só nos casos de trabalho temporário e vigilância, seria passível de terceirização. Referida Súmula possui a seguinte redação:

**CONTRATO DE PRESTAÇÃO DE SERVIÇOS. LEGALIDADE (nova redação do item IV e inseridos os itens V e VI à redação) – Res. 174/2011, DEJT divulgado em 27, 30 e 31.05.2011**

I – A contratação de trabalhadores por empresa interposta é ilegal, formando-se o vínculo diretamente com o tomador dos serviços, salvo no caso de trabalho temporário (Lei nº 6.019, de 03.01.1974).

II – A contratação irregular de trabalhador, mediante empresa interposta, não gera vínculo de emprego com os órgãos da Administração Pública direta, indireta ou fundacional (art. 37, II, da CF/1988)

III – Não forma vínculo de emprego com o tomador a contratação de serviços de vigilância (Lei nº 7.102, de 20.06.1983) e de conservação e limpeza, bem como a de serviços especializados ligados à atividade-meio do tomador, desde que inexistente a pessoalidade e a subordinação direta.

IV – O inadimplemento das obrigações trabalhistas, por parte do empregador, implica a responsabilidade subsidiária do tomador dos serviços quanto àquelas obrigações, desde que haja participado da relação processual e conste também do título executivo judicial.

V – Os entes integrantes da Administração Pública direta e indireta respondem subsidiariamente, nas mesmas condições do item IV, caso evidenciada a sua conduta culposa no cumprimento das obrigações da Lei nº 8.666, de 21.06.1993, especialmente na fiscalização do cumprimento das obrigações contratuais e legais da prestadora de serviço como empregadora. A aludida responsabilidade não decorre de mero inadimplemento das obrigações trabalhistas assumidas pela empresa regularmente contratada.

VI – A responsabilidade subsidiária do tomador de serviços abrange todas as verbas decorrentes da condenação referentes ao período da prestação laboral.

Além disso, o item IV da Súmula 331 do TST estabeleceu a responsabilidade subsidiária da empresa tomadora, e não solidária, a qual seria mais coerente com o escopo de proteção, inerente ao Direito do Trabalho[37].

O Enunciado 256 do TST foi formalmente cancelado pela Resolução 121/2003 (DJ. 19.11.2003).

Nessa toada, a súmula 331, do C. TST disciplinou, por décadas, o instituto da terceirização, até que, em 2017, com a entrada em vigor das leis 13.494/17 e 13.467/17, que alteraram a já citada lei 6.019/74, a terceirização ganhou base legal específica, sendo permitida, de maneira expressa, a terceirização de forma ampla, ou seja, de qualquer atividade da contratante, incluída, desse modo, a terceirização da atividade-fim, nos seguintes termos:

> Art. 4º-A. Considera-se prestação de serviços a terceiros a transferência feita pela contratante da execução de quaisquer de suas atividades, inclusive sua atividade principal, à pessoa jurídica de direito privado

---

[37] Cf. SOUTO MAIOR, Jorge Luiz. Implicações da terceirização no processo do trabalho: legitimidade; condenação solidária ou subsidiária e intervenção de terceiros. In: SOUTO MAIOR, Jorge Luiz. Temas de processo do trabalho. São Paulo: LTr, 2000. p. 152-153.

prestadora de serviços que possua capacidade econômica compatível com a sua execução. (Incluído pela Lei nº 13.467, de 2017)

§ 1º A empresa prestadora de serviços contrata, remunera e dirige o trabalho realizado por seus trabalhadores, ou subcontrata outras empresas para realização desses serviços.

§ 2º Não se configura vínculo empregatício entre os trabalhadores, ou sócios das empresas prestadoras de serviços, qualquer que seja o seu ramo, e a empresa contratante.

**Art. 4º-B.** São requisitos para o funcionamento da empresa de prestação de serviços a terceiros:

I – prova de inscrição no Cadastro Nacional da Pessoa Jurídica (CNPJ);

II – registro na Junta Comercial;

III – capital social compatível com o número de empregados, observando-se os seguintes parâmetros:

a) empresas com até dez empregados – capital mínimo de R$ 10.000,00 (dez mil reais);

b) empresas com mais de dez e até vinte empregados – capital mínimo de R$ 25.000,00 (vinte e cinco mil reais);

c) empresas com mais de vinte e até cinquenta empregados – capital mínimo de R$ 45.000,00 (quarenta e cinco mil reais);

d) empresas com mais de cinquenta e até cem empregados – capital mínimo de R$ 100.000,00 (cem mil reais); e

e) empresas com mais de cem empregados – capital mínimo de R$ 250.000,00 (duzentos e cinquenta mil reais).

**Art. 4º-C.** São asseguradas aos empregados da empresa prestadora de serviços a que se refere o art. 4º-A desta Lei, quando e enquanto os serviços, que podem ser de qualquer uma das atividades da contratante, forem executados nas dependências da tomadora, as mesmas condições: (Incluído pela Lei nº 13.467, de 2017)

I – relativas a: (Incluído pela Lei nº 13.467, de 2017)

a) alimentação garantida aos empregados da contratante, quando oferecida em refeitórios; (Incluído pela Lei nº 13.467, de 2017)

b) direito de utilizar os serviços de transporte; (Incluído pela Lei nº 13.467, de 2017)

c) atendimento médico ou ambulatorial existente nas dependências da contratante ou local por ela designado; (Incluído pela Lei nº 13.467, de 2017)

d) treinamento adequado, fornecido pela contratada, quando a atividade o exigir. (Incluído pela Lei nº 13.467, de 2017)

II – sanitárias, de medidas de proteção à saúde e de segurança no trabalho e de instalações adequadas à prestação do serviço. (Incluído pela Lei nº 13.467, de 2017)

§ 1º Contratante e contratada poderão estabelecer, se assim entenderem, que os empregados da contratada farão jus a salário equivalente ao pago aos empregados da contratante, além de outros direitos não previstos neste artigo. (Incluído pela Lei nº 13.467, de 2017)

§ 2º Nos contratos que impliquem mobilização de empregados da contratada em número igual ou superior a 20% (vinte por cento) dos empregados da contratante, esta poderá disponibilizar aos empregados da contratada os serviços de alimentação e atendimento ambulatorial em outros locais apropriados e com igual padrão de atendimento, com vistas a manter o pleno funcionamento dos serviços existentes. (Incluído pela Lei nº 13.467, de 2017)

**Art. 5º-A.** Contratante é a pessoa física ou jurídica que celebra contrato com empresa de prestação de serviços relacionados a quaisquer de suas atividades, inclusive sua atividade principal. (Redação dada pela Lei nº 13.467, de 2017)

§ 1º É vedada à contratante a utilização dos trabalhadores em atividades distintas daquelas que foram objeto do contrato com a empresa prestadora de serviços.

§ 2º Os serviços contratados poderão ser executados nas instalações físicas da empresa contratante ou em outro local, de comum acordo entre as partes.

§ 3º É responsabilidade da contratante garantir as condições de segurança, higiene e salubridade dos trabalhadores, quando o trabalho for realizado em suas dependências ou local previamente convencionado em contrato.

§ 4º A contratante poderá estender ao trabalhador da empresa de prestação de serviços o mesmo atendimento médico, ambulatorial e de refeição destinado aos seus empregados, existente nas dependências da contratante, ou local por ela designado.

§ 5º A empresa contratante é subsidiariamente responsável pelas obrigações trabalhistas referentes ao período em que ocorrer a prestação de serviços, e o recolhimento das contribuições previdenciárias observará o disposto no art. 31 da Lei nº 8.212, de 24 de julho de 1991.

**Art. 5º-B.** O contrato de prestação de serviços conterá:

I – qualificação das partes;

II – especificação do serviço a ser prestado;

III – prazo para realização do serviço, quando for o caso;

IV – valor.

**Art. 5º-C.** Não pode figurar como contratada, nos termos do art. 4º-A desta Lei, a pessoa jurídica cujos titulares ou sócios tenham, nos últimos dezoito meses, prestado serviços à contratante na qualidade de empregado ou trabalhador sem vínculo empregatício, exceto se os referidos titulares ou sócios forem aposentados. (Incluído pela Lei nº 13.467, de 2017)

**Art. 5º-D.** O empregado que for demitido não poderá prestar serviços para esta mesma empresa na qualidade de empregado de empresa prestadora de serviços antes do decurso de prazo de dezoito meses, contados a partir da demissão do empregado. (Incluído pela Lei nº 13.467, de 2017)

(...)

**Art. 19-A.** O descumprimento do disposto nesta Lei sujeita a empresa infratora ao pagamento de multa.

Parágrafo único. A fiscalização, a autuação e o processo de imposição das multas reger-se-ão pelo Título VII da Consolidação das Leis do Trabalho (CLT), aprovada pelo Decreto-Lei nº 5.452, de 1º de maio de 1943.

**Art. 19-B.** O disposto nesta Lei não se aplica às empresas de vigilância e transporte de valores, permanecendo as respectivas relações de trabalho reguladas por legislação especial, e subsidiariamente pela Consolidação das Leis do Trabalho (CLT), aprovada pelo Decreto-Lei nº 5.452, de 1º de maio de 1943. Art. 19-C. Os contratos em vigência, se as partes assim acordarem, poderão ser adequados aos termos desta Lei.

É certo que através da leitura dos dispositivos acima citados constata-se que se admite expressamente a figura da terceirização de trabalho, sem que tal fato crie restrições em relações às atividades nas quais é admitida essa modalidade de organização empresarial.

Mais recentemente, o Supremo Tribunal Federal fixou a seguinte tese de repercussão geral:

"É lícita a terceirização ou qualquer outra forma de divisão do trabalho entre pessoas jurídicas distintas, independentemente do objeto social das empresas envolvidas, mantida a responsabilidade subsidiária da empresa contratante".[38]

O Supremo Tribunal Federal também julgou procedente o pedido em arguição de descumprimento de preceito fundamental (em que se questionou a constitucionalidade da interpretação adotada em reiteradas decisões da Justiça do Trabalho que

---
38 STF, Pleno, RE 958.252/MG, Rel. Min. Luiz Fux, j. 30.08.2018.

restringiam a terceirização com base na Súmula 331 do Tribunal Superior do Trabalho) e firmou a seguinte tese:

> "1. É lícita a terceirização de toda e qualquer atividade, meio ou fim, não se configurando relação de emprego entre a contratante e o empregado da contratada.
>
> 2. Na terceirização, compete à contratante: i) verificar a idoneidade e a capacidade econômica da terceirizada; e ii) responder subsidiariamente pelo descumprimento das normas trabalhistas, bem como por obrigações previdenciárias, na forma do art. 31 da Lei 8.212/1991"[39].

## 4. JULGADOS DO STF SOBRE A CONSTITUCIONALIDADE DA TERCEIRIZAÇÃO DOS SERVIÇOS DA ATIVIDADE-FIM DAS EMPRESAS

Em 30 de agosto de 2018, o E. Supremo Tribunal Federal, ao julgar a Arguição de Descumprimento de Preceito Fundamental (ADPF) 324 e o Recurso Extraordinário (RE) 958.252, com repercussão geral reconhecida sob número 725, tendo a votação de 7 x 4 votos favoráveis à constitucionalidade da terceirização dos serviços da atividade-fim das empresas, procedidas antes mesmo da vigência da Lei 13.429/17.

A tese de repercussão geral aprovada no RE nº 958.252 (Rel. Min. Luiz Fux), com efeito vinculante para todo o Poder Judiciário, menciona:

---

[39] STF, Pleno, ADPF 324/DF, Rel. Min. Roberto Barroso, j. 30.08.2018.

> "*É lícita a terceirização ou qualquer outra forma de divisão do trabalho entre pessoas jurídicas distintas, independentemente do objeto social das empresas envolvidas, mantida a responsabilidade subsidiária da empresa contratante*"[40]

O tema afeito ao julgamento do STF diz respeito ao entendimento do TST – Tribunal Superior do Trabalho – fixado no enunciado da Súmula 331. Nessa súmula, o TST consolida o entendimento de longa data que proibia a terceirização dos serviços da atividade-fim, permitindo apenas terceirização de serviços da atividade-meio das empresas.

O Ministro Luiz Fux, Relator do Recurso Extraordinário nº 958.252, menciona:

> "Estabelecido que a terceirização é compatível com a Carta Magna e protegida pelos seus artigos 1º, IV, 5º, II, e 170, os quais garantem a livre iniciativa e a liberdade contratual, sendo insubsistente a Súmula nº 331 do TST, deve-se aplicar a solução da reforma trabalhista aos casos pretéritos, a fim de evitar um vácuo normativo quanto à matéria. Por essa razão, também quanto a fatos pretéritos se impõe a responsabilidade subsidiária da pessoa jurídica contratante pelas obrigações trabalhistas não adimplidas pela empresa prestadora de serviços, bem como a responsabilidade pelo recolhimento das contribuições previdenciárias devidas por esta, na forma do art. 31 da Lei nº 8.212/93."[41]

---

40  http://www.stf.jus.br/portal/jurisprudenciaRepercussao/abrirTemasComRG.asp .
41  http://www.stf.jus.br/portal/jurisprudenciaRepercussao/abrirTemasComRG.asp .

O Ministro Roberto Barroso em sua manifestação[42], ao identificar o tema objeto do julgamento, afirma que: "A Constituição não impõe a adoção de um modelo de produção específico [...], tampouco veda a terceirização. Todavia, a jurisprudência trabalhista sobre o tema tem sido oscilante e não estabelece critérios e condições claras e objetivas".

Em parágrafo imediatamente posterior quando ressalta: "A terceirização das atividades-meio ou das atividades-fim de uma empresa tem amparo nos princípios constitucionais da livre iniciativa e da livre concorrência". Para o objetivo descrito do presente capítulo, a análise focará seu objeto na manifestação da livre iniciativa. Nesse sentido, a manifestação afirma que esses princípios: "asseguram aos agentes econômicos a liberdade de formular estratégias negociais indutoras de maior eficiência econômica e competitividade"[43].

Nesse aspecto, desenvolve análise acerca da livre iniciativa da atividade empresarial de per si e as transformações econômicas que impõe um novo proceder em termos de organização empresarial e a consequente liberdade empresarial. Ressalta ainda ao analisar o tema que o mercado e a atividade empresarial sofrem forte impacto oriundos das inovações tecnológicas. E conclui que julgar em sentido contrário à realidade é causar prejuízo mais gravoso à atividade empresarial que, constitucionalmente, tem assegurada sua liberdade de atuação.

Tanto é assim, que defende categoricamente o erro do entendimento do TST ao afirmar que: "As amplas restrições à terceirização, previstas no conjunto de decisões da Justiça do Trabalho sobre o tema violam os princípios da livre iniciativa, da livre concorrência e da segurança jurídica, além de não terem respaldo legal".[44]

---

42   https://www.migalhas.com.br/arquivos/2018/8/art20180823-04.pdf e https://www.conjur.com.br/2018-ago-22/stf-sinaliza-possibilidade-terceirizacao-atividades-fim.
43   http://www.stf.jus.br/portal/jurisprudenciaRepercussao/abrirTemasComRG.asp .
44   http://www.stf.jus.br/portal/jurisprudenciaRepercussao/abrirTemasComRG.asp .

Nesse trecho da manifestação, se debruça sobre a análise do princípio da livre inciativa, buscando o fundamento constitucional da decisão prolatada e expondo a interpretação do referido princípio.

Assim, assevera que: "Esses princípios asseguram às empresas a liberdade para o desenvolvimento de atividades econômicas e para o desenvolvimento de estratégias de produção". Dessa forma, reconhece que o princípio da livre inciativa outorga às empresas liberdade em duas dimensões: (i) liberdade para desenvolver atividades econômicas e (ii) liberdade para o desenvolvimento de estratégias de produção. Aí se insere o campo para o desenvolvimento da tese vencedora no julgamento do STF acerca da constitucionalidade da terceirização dos serviços da atividade-fim das empresas.

Denota-se desde logo na abertura da exposição de sua manifestação, que a Constituição não veda, nem de forma expressa, nem de forma tácita, a terceirização.

Posteriormente ressalta: "A terceirização das atividades-meio ou das atividades-fim de uma empresa tem amparo nos princípios constitucionais da livre iniciativa e da livre concorrência" (...) "asseguram aos agentes econômicos a liberdade de formular estratégias negociais indutoras de maior eficiência econômica e competitividade".

Há emprego de uma reflexão acerca da compreensão do mundo atual, evocando as três grandes transformações enfrentadas pela humanidade: a Revolução Cognitiva, a Revolução Agrícola e a Revolução Científica.

Uma questão de suma relevância que, não poderia deixar de ser mencionada é o fato de que, recentemente, em decisão proferida em 28/07/2022 pelo Presidente do Supremo Tribunal Federal (STF), Ministro Luz Fux houve a suspensão da decisão que estabeleceu um limite temporal (modulação) para o julgamento favorável à terceirização da atividade-fim.

O presidente da Corte, ministro Luiz Fux, relator do caso, atendeu pedidos apresentados pela Associação Brasileira de Teleserviços (ABT) e a Algar Tecnologia e Consultoria.

> "Ante a relevância da matéria objeto do presente recurso extraordinário e no afã de se dirimir de modo definitivo e colegiado a controvérsia suscitada, suspendo temporariamente a proclamação de julgamento havida, submetendo a questão ao Plenário deste Supremo Tribunal Federal." (RE 958.252).

As empresas apresentaram reclamação contra a decisão do STF que limitou os efeitos do julgamento favorável à terceirização de atividade-fim. O objetivo das empresas é preservar centenas de ações rescisórias já propostas em todo o país.

Na modulação, o STF assentou a aplicabilidade dos efeitos da tese jurídica fixada apenas aos processos que ainda estavam em curso na data da conclusão do julgado (30/8/18), restando obstado o ajuizamento de ações rescisórias contra decisões transitadas em julgado antes da mencionada data que tenham a súmula 331 do TST por fundamento. Assim, ficou impedida a proposição de ações rescisórias por empresas condenadas por terceirização de atividade-fim em processos finalizados até a referida data.

Nos recursos, alegam que, em razão do quórum de julgamento, deveria prevalecer a modulação de efeitos sugerida pelo ministro Luís Roberto Barroso, e não a do ministro Luiz Fux, que acabou vencedora. Pela proposta do relator, continuariam válidas condenações por terceirização ilícita em processos finalizados (sem possibilidade de recurso) até 30 de agosto de 2018, a data do julgamento do mérito, na prática, não poderia ser proposta ação rescisória para tentar reverter a situação.[45]

No voto pela modulação, Fux ponderou que "tendo a Súmula 331 do TST vigorado por muitos anos e, por conseguinte, orientado a atuação dos órgãos da Justiça Laboral em milhares de casos, é de se intuir que a superação de entendimento determinada por este STF tende a ocasionar o ajuizamento de inúmeras ações rescisórias tão logo haja o trânsito em julgado do presente recurso, prolongando indefinidamente a discussão acerca do tema constitucional controvertido"[46].

## 5. CONSEQUÊNCIAS DA TERCEIRIZAÇÃO EM RELAÇÃO À RESPONSABILIDADE CONTRATUAL

> A tese de repercussão geral aprovada no RE nº 958.252 (Rel. Min. Luiz Fux), com efeito vinculante para todo o Poder Judiciário, define que a terceirização é lícita e que resta <u>mantida a responsabilidade subsidiária da empresa contratante</u>.

Assim, "responsabilidade pelos débitos trabalhistas, na terceirização, é da empresa prestadora de serviços, isto é, a empregadora. Deve-se ressaltar que, se essa empresa prestadora não pagar aos

---

45  https://www.migalhas.com.br/quentes/371138/fux-suspende-modulacao-sobre-terceirizacao.

46  https://valor.globo.com/legislacao/noticia/2022/08/05/stf-suspende-modulacao-sobre-terceirizacao.ghtml.

trabalhadores terceirizados, caberá à tomadora o pagamento de encargos trabalhistas, pois ela também se beneficiou do trabalho do trabalho dos empregados terceirizados.

> Importante destacar que não há responsabilidade automática da tomadora, mas apenas **responsabilidade subsidiária,** devendo o trabalhado, primeiro, cobrar a dívida da prestadora, somente depois, da empresa tomadora. Assim, a tomadora responderá apenas em segundo lugar, aplicando-se o art. 455 da CLT, por analogia"[47].

Para que a tomadora de serviços seja obrigada a pagar os débitos remanescentes, é necessário, de acordo com o TST, que tenha tido a oportunidade de manifestar-se no processo judicial, ainda na fase de conhecimento, como forma de garantir o contraditório e a ampla defesa.

> Desta forma, para que o tomador seja responsabilizado deverá figurar no polo passivo, juntamente com a empresa prestadora. Caso o empregado/terceirizado ingresse com a reclamação trabalhista apenas contra o empregador (empresa prestadora), e não encontre bens para o pagamento dos seus débitos, não poderá no futuro, ingressar com ação autônoma contra o tomador de serviços.[48]
>
> Havendo respeito ao devido processo legal, contraditório e ampla defesa ao incluir a empresa tomadora de

---

47  MIESSA, Élisson – *Súmulas e OJs do TST comentadas e organizadas por assunto*. 6ª edição. Editora JusPodivm 2016, página 176.
48  Idem... página 177.

serviços, o entendimento jurisprudencial[49] caminha no sentido de que o reconhecimento da responsabilidade subsidiária basta a prova de que a prestadora não cumpriu com o mínimo das obrigações contratuais, no âmbito de uma relação triangular, onde o empregado é a parte mais fraca e o beneficiado final pelo trabalho não é o empregador.

Nesse novo contexto, o entendimento de que o tomador responde como avalista da obrigação decorrente do contrato de trabalho, na medida em que integrou a relação jurídica da qual resultou o inadimplemento. Portanto, a responsabilidade do tomador se impõe, independentemente de a terceirização de serviços ser admitida no âmbito das relações trabalhistas.

Nesse sentido, dispõe a jurisprudência abaixo transcrita:

> ***RESPONSABILIDADE SUBSIDIÁRIA.*** *Quando a tomadora dos serviços se beneficia diretamente da mão de obra do empregado, deve ser declarada sua responsabilidade subsidiária, adotando-se a tese de repercussão geral fixada no julgamento do RE 958.252, Tema 725, do STF. (Processo nº 0020498-79.2016.5.04.0371 (RO) Relator: Marcos Fagundes Salomão. Data: 18/09/2018).*
>
> ***TERCEIRIZAÇÃO. RESPONSABILIDADE SUBSIDIÁRIA. RAMO CALÇADISTA.*** *O contexto probatório demonstra que a situação havida entre a recorrente e as primeiras reclamadas ultrapassou a relação*

---

49 RESPONSABILIZAÇÃO SUBSIDIÁRIA. COMPRA DE CALÇADOS PRONTOS. *Comprovada a prestação de serviços da primeira reclamada na confecção de partes de calçados em favor de empresas tomadoras, devem ser elas responsabilizadas subsidiariamente pelos efeitos da condenação imposta à empresa prestadora de serviços, consoante disposto na Súmula 331, inciso IV, do TST.* Processo nº 0020172-57.2014.5.04.0382 (RO) Relator: Raul Zoratto Sanvicente. Data: 09/11/2017.

*estritamente comercial de compra de produtos, de modo que, tendo a recorrente celebrado negócio jurídico com empresas não idôneas, está configurada a culpa in elegendo. Nos termos da decisão proferida no julgamento do RE 958.252 pelo STF, Tema 725, com repercussão geral, É lícita a terceirização ou qualquer outra forma de divisão do trabalho entre pessoas jurídicas distintas, independentemente do objeto social das empresas envolvidas, mantida a responsabilidade subsidiária da empresa contratante. Acórdão: 0020127-28.2016.5.04.0303 (RO) Redator: Marcos Fagundes Salomao Órgão julgador: 8ª Turma Data: 14/11/2018.*

**TERCEIRIZAÇÃO DE ATIVIDADE-FIM. VÍNCULO DE EMPREGO COM O TOMADOR DOS SERVIÇOS.** *Hipótese de aplicação da recente decisão proferida E. Supremo Tribunal Federal, por ocasião do julgamento do RE 958.252 e ADPF 725, ocorrido no dia 30/08/2018, por maioria e nos termos do voto do Relator Ministro Roberto Barroso, apreciando o tema 725 da repercussão geral, o qual fixou a seguinte tese: "É lícita a terceirização ou qualquer outra forma de divisão do trabalho entre pessoas jurídicas distintas, independentemente do objeto social das empresas envolvidas, mantida a responsabilidade subsidiária da empresa contratante". Data: 11/12/2018 Órgão Julgador: 2ª Turma Redator: Tânia Rosa Maciel de Oliveira.*

**RESPONSABILIDADE SOLIDÁRIA/SUBSIDIÁRIA.** *Cumprimento da decisão do STF, no sentido de que é lícita a terceirização ou qualquer outra forma de divisão do trabalho entre pessoas jurídicas distintas, independentemente do objeto social das empresas envolvidas, mantida a responsabilidade subsidiária da empresa contratante.*

*Provimento parcial dos recursos das reclamadas. Acórdão: 0020404-62.2015.5.04.0373 (RO) Redator: Tania Rosa Maciel de Oliveira Órgão julgador: 2ª Turma Data: 14/11/2018.*

O contrato de prestação de serviços existente entre o empregador e a tomadora deve respeitar o direito de todos os que são atingidos pelos seus efeitos, e impedir que eles possam sofrer qualquer prejuízo em razão do que as partes contratantes dispuseram.

A responsabilidade subsidiária é um benefício de ordem. É o que a jurisprudência definiu como a existência de culpa *in elegendo*, de escolher a empresa inidônea, e a culpa *in vigilando*, de não fiscalizar pelo pagamento das verbas trabalhistas devidas ao empregado. Se não fiscaliza e a prestadora dos serviços não paga as verbas trabalhistas aos empregados, responderá a tomadora de forma subsidiaria. Isso significa que deve ser exaurida a execução contra a empresa prestadora de serviços e seus sócios para depois responder a tomadora dos serviços[50].

---

50  MARTINS, Sergio Pinto. *Terceirização no Direito do Trabalho*. 14ª ed. São Paulo: Saraiva. 2017, pág. 174.

## 6. FRAUDES NOS CONTRATOS DE TERCEIRIZAÇÃO

O contrato de prestação de serviços em atividade-meio ou principal pode cumprir estritamente os parâmetros da lei, mas a relação de trabalho não poderia colocar o trabalhador da empresa que presta serviços terceirizados, sob o comando e subordinação do tomador. Vale dizer que o dono dos serviços não é o contratante cuja expectativa é que os serviços sejam concluídos ou prestados pela empresa de prestação de serviços por meio de empregados próprios ou não.

O que se estabelece como distinção efetiva de um contrato de emprego e o de prestação de serviços é a ausência de subordinação neste último.

> A subordinação é a condição fundamental, segundo Adilson Bassalho Pereira (*A subordinação como objeto do contrato de emprego*, SP, LTr, 1991, p. 38 e seguintes), da existência do vínculo de emprego do ponto de vista do empregador que se interessa não só pelo trabalho do empregado, mas também pela sua subordinação. A subordinação deve ser considerada como a renúncia do empregado ao exercício da liberdade de dispor de seu tempo, exclusivo. É a entrega, como condição contratual, da força de trabalho a serviço de outrem em determinada fração de tempo.

A responsabilidade contratual, contrariamente ao contrato de emprego, deixa o livre-arbítrio em sua plenitude e o contrato se faz pelo resultado do serviço e não pelo controle e domínio do outro.

> Finalmente, do ponto de vista da prestação de serviços em atividade-fim ou meio, qualquer que seja a modalidade de entrega do resultado, o fundamental é considerar a presença ou não da subordinação e, neste caso, poder-se-ia afirmar que a reforma trabalhista não trouxe novidades porque prevalece o entendimento de fundo da Súmula 331 do TST.[51]

Ocorrendo a terceirização ilícita de mão de obra, impõe-se a fixação da responsabilidade solidária da empresa, em decorrência da configuração de fraude às relações de trabalho, com fulcro nos artigos 186, 927 e 942 do Código Civil, aplicando-se deste modo o quanto estabelecido no artigo 9º da CLT[52].

Neste sentido a Desembargadora do Tribunal Regional do Trabalho, 2ª Região, Dra. Ivani Contini Bramante decidiu:

> Dia Brasil Sociedade Ltda. Contrato de gestão. Relação de emprego. Terceirização ilícita da atividade fim mais pejotização. Recursos para esvaziamento de direitos do trabalhador. Fraude à legislação trabalhista.
>
> Aplicação do art. 9º da CLT. O contexto fático e jurisprudencial delineado sobre a hipótese, somado à análise do conjunto probatório, não deixa qualquer dúvida a respeito da fraude à legislação trabalhista, nos termos do art. 9º da CLT, perpetrada pela reclamada mediante a transferência de gestão de seus supermercados para trabalhadores que nada mais eram do que seus subordinados e que jamais poderiam assumir os riscos da atividade econômica, mormente porque não

---

[51] JOÃO, Paulo Sergio. https://www.conjur.com.br/2019-fev-01/reflexoes-trabalhistas-terceirizacao-prestacao-servicos-meio-pessoa-juridica, acessado em 29/11/2020.
[52] Art. 9º da CLT – Serão nulos de pleno direito os atos praticados com o objetivo de desvirtuar, impedir ou fraudar a aplicação dos preceitos contidos na presente Consolidação.

detinham os meios para isso. A hipótese retratada nesses autos é claramente de terceirização ilícita de atividade fim através de um "contrato de gestão" celebrado com uma pessoa jurídica constituída por trabalhadores que atuam na verdadeira condição de empregados, caracterizando-se, ainda, o fenômeno da "pejotização", neologismo pelo qual se define a hipótese em que o empregador, para se furtar ao cumprimento da legislação trabalhista, obriga o trabalhador a constituir pessoa jurídica, dando roupagem de relação interempresarial a um típico contrato de trabalho. Por fim, a contratação da reclamante como empregada no dia subsequente à rescisão do "contrato de gestão" vem a corroborar a notória relação de emprego que já existia entre as partes. Recurso provido.

(TRT-2 – RO: SP 00001827920115020014 A28, Relator: IVANI CONTINI BRAMANTE, Data de Julgamento: 25/02/2014, 4ª TURMA, Data de Publicação: 14/03/2014)

Assim, quando há violação do preceito citado fere os direitos trabalhistas e é uma afronta à dignidade do trabalhador, já que o trabalho humano na terceirização ilícita é transformado em simples mercadoria, o que contraria, frontalmente, os fundamentos da República Federativa do Brasil, sendo a dignidade da pessoa humana e os valores sociais do trabalho, contidos no artigo 1º, incisos III e IV da Constituição Federal de 1988.

## 7. FALTA DA CAPACIDADE ECONÔMICA COMO MÉTODO DE IDENTIFICAÇÃO DE FRAUDE AO CONTRATO DE TERCEIRIZAÇÃO

Um ponto muito importante a se levantar nas situações que envolvem contratos de terceirização refere-se às empresas que constituem pequeno capital social e contrataram empregados sem relação direta com esse capital e de acordo com o modelo de unidade produção determinado pela empresa que pretende burlar as normas trabalhistas.

Há situações em que as empresas transferem para as empresas terceirizadas o mesmo modelo de organização do trabalho que segue, mediante controle direto e diário da produção e de seus funcionários.

Observa-se que o art. 4º-A da Lei 6.019/74, disciplina que se considera prestação de serviços a terceiros a transferência feita pela contratante da execução de quaisquer de suas atividades, inclusive sua atividade principal, à pessoa jurídica de direito privado prestadora de serviços que possua capacidade econômica compatível com a sua execução.

De fato, há necessidade de se verificar se a empresa terceirizada dispõe de capital social mínimo para arcar com eventuais verbas trabalhistas, além é claro, de garantir a segurança ambiental dos funcionários.

Os parâmetros entre o capital social da empresa e o número de empregados estão previstos no artigo 4º-B, inciso III, alíneas "a" a "e", da Lei 6.019/1974, que trata do trabalho temporário, e foram introduzidos pela Lei da Terceirização (Lei 13.429/2017). Os valores variam de R$ 10 mil (para empresas com até dez empregados) a R$ 250 mil (com mais de cem)[53]. Neste sentido transcreve-se a Lei 13.429/17, em seu artigo 4º-B para maior compreensão do tema:

> **Art. 4º-B.** São requisitos para o funcionamento da empresa de prestação de serviços a terceiros:
>
> I – prova de inscrição no Cadastro Nacional da Pessoa Jurídica (CNPJ);
>
> II – registro na Junta Comercial;
>
> III – capital social compatível com o número de empregados, observando-se os seguintes parâmetros:
>
> a) empresas com até dez empregados – capital mínimo de R$ 10.000,00 (dez mil reais);
>
> b) empresas com mais de dez e até vinte empregados – capital mínimo de R$ 25.000,00 (vinte e cinco mil reais);
>
> c) empresas com mais de vinte e até cinquenta empregados – capital mínimo de R$ 45.000,00 (quarenta e cinco mil reais);
>
> d) empresas com mais de cinquenta e até cem empregados – capital mínimo de R$ 100.000,00 (cem mil reais); e
>
> e) empresas com mais de cem empregados – capital mínimo de R$ 250.000,00 (duzentos e cinquenta mil reais).

---

53 https://www.tst.jus.br/-/construtoras-s%C3%A3o-condenadas-por-contratar-prestadoras-com-capital-social-inferior-ao-exigido-em-lei.

O Ministro do TST, Dr. Augusto César Leite de Carvalho em seu voto nos autos do processo RR 10709-83.2018.5.03.0025, afirma que "ao praticar atos ilícitos afrontosos à ordem jurídica trabalhista, a sociedade empresária cria ofensa de ordem moral à coletividade de trabalhadores, de modo que se torna responsável civilmente pela reparação dessa ofensa".[54]

De acordo com o ministro, as empresas que praticam atos ofensivos a legislação trabalhista, e em não serem penalizadas, obtêm vantagem injusta sobre as concorrentes que cumprem as mesmas disposições legais. "Trata-se do chamado dumping social, fenômeno responsável pela alavancagem de poderes econômicos em prejuízo do desenvolvimento social e da efetividade dos direitos fundamentais", explicou[55].

Nesta esteira, o descumprimento quanto à capacidade econômica da empresa terceirizada pode causar ainda, além de fraude ao contrato de terceirização, dano moral a coletividade.

Para corroborar com tal assertiva, cita-se os precedentes abaixo identificados como paradigma do tema:

> "**RECURSO DE EMBARGOS REGIDO PELAS LEIS N**[os] **13.015/2014 E 13.105/2015. AÇÃO CIVIL PÚBLICA. DESCUMPRIMENTO DA LEGISLAÇÃO TRABALHISTA. DANO MORAL COLETIVO. CONFIGURAÇÃO.** 1. A Quarta Turma não conheceu do recurso de revista do autor, mantendo o acórdão regional que excluiu da condenação a indenização por danos morais coletivos. Concluiu que "a ilicitude da conduta perpetrada pelas Requeridas, ao deixar

---

[54] https://valor.globo.com/legislacao/noticia/2022/07/15/decisao-do-tst-sobre-dano-moral-coletivo-em-caso-de-terceirizacao-pode-gerar-onda-de-acoes.ghtml.
[55] https://www.tst.jus.br/-/construtoras-s%C3%A3o-condenadas-por-contratar-prestadoras-com-capital-social-inferior-ao-exigido-em-lei.

de proceder ao recolhimento de FGTS e à assinatura da CTPS dos empregados, entabular contratos de experiência por prazo superior a noventa dias e pagar salários de forma complessiva, a lesão à ordem jurídica não transcende a esfera subjetiva dos empregados prejudicados, de modo a atingir objetivamente o patrimônio jurídico da coletividade e causar repercussão social". 2. O Ministério Público do Trabalho afirma que tais condutas configuram o dano moral coletivo, razão pela qual é devida a indenização. 3. Na hipótese, o sistemático e reiterado desrespeito às normas trabalhistas (v.g. ausência de recolhimento de FGTS e contribuições sociais, contratos de experiência irregulares, ausência de assinatura de CTPS) demonstra que a lesão perpetrada foi significativa e que, efetivamente, ofendeu a ordem jurídica, ultrapassando a esfera individual. 4. As empresas que se lançam no mercado, assumindo o ônus financeiro de cumprir a legislação trabalhista, perdem competitividade em relação àquelas que reduzem seus custos de produção à custa dos direitos mínimos assegurados aos empregados. 5. Diante desse quadro, tem-se que a deliberada e reiterada desobediência do empregador à legislação trabalhista ofende a população e a Carta Magna, que tem por objetivo fundamental construir sociedade livre, justa e solidária (art. 3º, I, da CF). 6. Tratando-se de lesão que viola bens jurídicos indiscutivelmente caros a toda a sociedade, surge o dever de indenizar, sendo cabível a reparação por dano moral coletivo (arts. 186 e 927 do CC e 3º e 13 da LACP). Recurso de embargos conhecido e provido" (E-ED-ED-ARR-3224600-55.2006.5.11.0019, Subseção I Especializada em Dissídios Individuais, Relator Ministro Alberto Luiz Bresciani de Fontan Pereira, DEJT 17/05/2019).

"RECURSO DE EMBARGOS. REGÊNCIA DA LEI Nº 13.015/2014. AÇÃO CIVIL PÚBLICA AJUIZADA PELO MINISTÉRIO PÚBLICO DO TRABALHO. DESCUMPRIMENTO DAS NORMAS QUE DISCIPLINAM A JORNADA DE TRABALHO. DESRESPEITO ÀS NORMAS ATINENTES À SAÚDE E SEGURANÇA DO TRABALHO. DANO MORAL COLETIVO. INDENIZAÇÃO. 1. A eg. Oitava Turma não conheceu do recurso de revista concluindo que, na hipótese, não houve repercussão do dano moral sobre a coletividade. 2. Para a configuração de dano moral coletivo, o que interessa é a verificação de ofensa à ordem jurídica, na espécie, todo o arcabouço de normas jurídicas erigidas com a finalidade de tutela dos direitos mínimos assegurados aos trabalhadores urbanos e rurais edificados a partir da matriz constitucional, sobretudo, no Capítulo II do Título II da Constituição Federal de 1988 (Direitos Sociais), cujas disposições nada mais objetivam que dar efetividade ao fundamento maior no qual se alicerça todo o nosso sistema jurídico, de garantir existência digna aos cidadãos a ele submetidos, por meio da compatibilização dos valores sociais do trabalho e da livre iniciativa. 3. Nessa contextura, a conduta antijurídica da empresa ré, consubstanciada no desrespeito às normas concernentes à jornada de trabalho, atenta contra os princípios constitucionais da dignidade humana e da valorização do trabalho (art. 1º, III e IV, da CF/88), transcendendo o interesse jurídico das pessoas diretamente envolvidas no litígio, para atingir toda a sociedade. Precedentes. Recurso de embargos conhecido e provido" (E-ARR-248-17.2014.5.09.0028, Subseção I Especializada em Dissídios Individuais,

Relator Ministro Walmir Oliveira da Costa, DEJT 29/10/2020).

Destaca-se ainda que o Pleno do TST ao julgar o processo RR 100071.2012.5.06.0018 já afirmou que prestador e tomador de serviços devem figurar como réus em ações de terceirização ilícita da atividade-fim.

De fato, se faz necessária a checagem da estrutura social da prestadora de serviços, como meio de dirimir controvérsias e violação ao texto da lei.

As empresas tomadoras de serviços precisam zelar por seus atos e devem desenvolver atividades pautadas na ética, transparência e em conformidade com o ordenamento jurídico e as normas vigentes, sob pena de serem seriamente penalizadas.

# CONSIDERAÇÕES FINAIS

Diante do quanto explanado no presente livro, houve o estudo e a demonstração das distinções e posicionamentos dos Tribunais bem como do Tribunal Superior do Trabalho, entre terceirização e contrato de facção, analisando-se inicialmente o viés constitucional estabelecido no artigo 170, *caput* da Constituição Federal.

Constata-se que a ordem econômica, fundada na valorização do trabalho humano e na livre iniciativa, tem por fim assegurar a todos a existência de uma vida digna, conforme os ditames da justiça social.

Além do mais é assegurado a todos o livre exercício de qualquer atividade econômica, independentemente de autorização de órgãos públicos, salvo nos casos previstos em lei.

Para corroborar com tal norma constitucional foi editada a Lei denominada de Lei de Liberdade Econômica, que representa a manifestação de um compromisso inarredável ao fortalecimento da livre iniciativa, do livre mercado e do empreendedorismo, que são mecanismos jurídico-econômicos vitais para o progresso econômico brasileiro e para a redução da pobreza e das desigualdades sociais.

Ao estudar o instituto da terceirização constata-se que a terceirização ocorre quando uma empresa em vez de executar serviços diretamente com seus empregados, contrata outra empresa, para que esta realize com o pessoal e sobre sua responsabilidade, surgindo assim uma relação trilateral, onde o trabalhador é contratado pela prestadora, mas exerce a atividade na empresa tomadora de serviços.

O Tribunal Superior do Trabalho, ao julgar a Arguição de Descumprimento de Preceito Fundamental (ADPF) 324 e o Recurso Extraordinário (RE) 958.252, com repercussão geral reconhecida sob número 725, decidiu ser lícita a terceirização da atividade-fim de uma empresa, sob a alegação de que se faz necessária a flexibilização das normas diante dos valores envolvendo a globalização e a crise econômica mundial, avanço das tecnologias, a rigidez da legislação trabalhista, bem como alto custo dos encargos trabalhistas, entre outros.

Importante destacar que não há responsabilidade automática da tomadora, mas apenas **responsabilidade subsidiária,** devendo o trabalhado, primeiro, cobrar a dívida da prestadora, somente depois, da empresa tomadora.

Já o contrato de facção é o negócio jurídico entre uma pessoa e outra para fornecimento de produtos ou serviços prontos e acabados, em que não há interferência da primeira na produção.

A natureza do contrato de facção é híbrida, pois existe prestação de serviços e fornecimentos de bens. Muitas vezes é utilizado para serviços de acabamento de roupas e aviamentos por parte da empresa contratada para produzir peças. Uma empresa fornece as peças cortadas e outra faz o acabamento e costura.

Observa-se que a natureza jurídica do contrato de facção é civil, formando-se uma relação jurídica entre empresa contratante e empresa contratada, no fornecimento de produtos ou serviços prontos e acabados, em que não há interferência da primeira na produção.

No contrato de facção observa-se características hábeis e capazes de diferenciá-lo de outros tipos de contratação, sendo elas: AUTONOMIA da empresa contratada na execução dos serviços para entrega do produto final, sem que haja ingerência da empresa contratante sobre o processo produtivo; LOCAL, todo o procedimento de confecção é realizado nas dependências da empresa contratada, com utilização de equipamentos próprios; e, a MULTIPLICIDADE de tomadores de serviço da empresa contratada, onde não há existência de exclusividade.

O contrato de facção por ser um contrato de natureza civil, não deve ser considerado como terceirização de mão de obra, não acarretando responsabilidade subsidiária da empresa Contratante.

# BIBLIOGRAFIA

Abdala, Vantuil. **Terceirização: atividade-fim e atividade-meio – responsabilidade subsidiária do tomador de serviço.** In. Revista LTr, vol. 60, n. 5, pp. 587/590, maio de 1996, São Paulo, LTe.

ANTUNES, Ricardo. **Os sentidos do trabalho –** ensaio sobre a afirmação e a negação do trabalho. São Paulo: Boitempo, 1999.

BARAÚNA, Augusto Cezar Ferreira de. **A Terceirização à luz do Direito do Trabalho.** São Paulo: LRD, 1997.

BARRETO, Glaucia. **Curso de Direito do Trabalho.** Niterói: Impetus, 2008.

BERCOVICI, Gilberto. As origens do direito econômico: homenagem a Washington Peluso Albino de Souza. **Rev. Fac. Direito UFMG, Número Esp. em Memória do Prof. Washington Peluso.**

CARELLI, Rodrigo de Lacerda. Terceirização e intermediação de mão de obra na administração pública. *In*: **Revista LTR: Legislação do Trabalho,** v. 67, n. 6, p. 687, jun. 2003.

CARRION, Valentim – **CLT Comentários à Consolidação das Leis Trabalhistas,** 44ª ed. São Paulo. Saraiva Educação. 2020.

CORREIA, Henrique. **Resumo do direito do trabalho.** 1ª edição. Salvador: Editora JusPodivm, 2018.

DELGADO, Maurício Godinho. **Curso de Direito do Trabalho: oba revista e atualizada conforme a lei da reforma trabalhista e inovações normativas e jurisprudências posteriores.** 18ª edição. São Paulo: LTr, 2019.

GRAU, Eros Roberto. **A ordem econômica na Constituição de 1988.** 9. ed. São Paulo: Malheiros Editores, 2004.

GULATI, Ranjay; PURANAM, Phanish; BHATTACHARYA, Sourav. "How Much to Make and How Much to Buy? An Analysis of Optimal Plural Sourcing Strategies." Strategic Management Journal 34, n. 10 (October 2013).

JOÃO, Paulo Sergio. https://www.conjur.com.br/2019-fev-01/reflexoes-trabalhistas-terceirizacao-prestacao-servicos-meio-pessoa-juridica, acessado em 29/11/2020.

JORGE, André Guilherme lemos. **Direito empresarial: estrutura e regulação: volume 2** – São Paulo: Universidade Nove de Julho, UNINOVE, 2018.

LEAL, RONAN e Gabriel Sad Salomão Martins – **Terceirização: Breve histórico e evolução no que tange à atividade-fim e o poder diretivo do contratante.** Url: https://migalhas.uol.com.br/depeso/319128/terceirizacao—breve-historico-e-evolucao-no-que-tange-a–atividade-fim-e–o-poder-diretivo-do-contratante, acessado em 28/11/2020.

MARTINS, Sergio Pinto. **Direito processual do trabalho.** 41ª Edição. São Paulo: Saraiva Educação. 2019.

MARTINS, Sergio Pinto. **Terceirização no direito do trabalho.** Inteiramente revista à luz da Lei n. 14.429/2017, ed. São Paulo: Saraiva, 2017.

MEIRELES, Edilton. **Temas da reforma trabalhista.** *Terceirização, retroatividade, autonomia coletiva, grupo econômico, dano moral, contribuição sindical, acordo extrajudicial, pedido líquido, ilícitos processuais, honorários advocatícios,* 1ª edição. São Paulo. LTr, 2018.

MIESSA, Élisson – **Súmulas e OJs do TST comentadas e organizadas por assunto.** 6ª edição. Editora JusPodivm 2016.

NAHAS, Thereza, Leone Pereira, Raphael Miziara. **CLT Comparada Urgente**. São Paulo: Editora Revista dos Tribunais, 2017.

NUSDEO, Fábio. **Curso de economia – Introdução ao Direito Econômico**. 10. ed. São Paulo: Revista dos Tribunais, 2016.

PASTORE, José Eduardo G. **Terceirização: necessidade para a economia, desafio para o direito**. São Paulo: LTr, 2015.

PETTER, Lafayete Josué. **Princípios constitucionais da ordem econômica: o significado e o alcance do art. 170 da Constituição Federal**. 2. ed. ver., atual. e ampl. São Paulo: revista dos tribunais, 2008.

SOUTO MAIOR, Jorge Luiz. Implicações da terceirização no processo do trabalho: legitimidade; condenação solidária ou subsidiária e intervenção de terceiros. In: SOUTO MAIOR, Jorge Luiz. Temas de processo do trabalho. São Paulo: LTr, 2000.

TAVARES, André Ramos. **Direito Constitucional Econômico**. 3. ed. Rio de Janeiro: Forense, 2011.

VENOSA, Sílvio de Salvo. **A Declaração de Direitos de Liberdade Econômica** (MP nº 881) e o direito privado. Direito UNIFACS – Debate Virtual. Acesso em: 19 de abr. de 2020.

SOUZA, Ronaldo Medeiros. Acórdão extraído do processo n. 0000694-45.2017.5.21.0007.

https://www.migalhas.com.br/arquivos/2018/8/art20180823-04.pdf.

https://www.conjur.com.br/2018-ago-22/stf-sinaliza-possibilidade-terceirizacao-atividades-fim.

https://www.conjur.com.br/2020-out-27/gleydson-oliveira-lei-liberdade-economica-livre-i, acessado em 28/11/20. Lei da Liberdade Econômica representa fortalecimento da livre iniciativa.

https://migalhas.uol.com.br/depeso/319128/terceirizacao—breve-historico-e–evolucao-no-que-tange-a–atividade-fim-e–o-poder-diretivo-do-contratante, acessado em 29/11/2020.

STF, Pleno, RE 958.252/MG, Rel. Min. Luiz Fux, j. 30.08.2018.

STF, Pleno, ADPF 324/DF, Rel. Min. Roberto Barroso, j. 30.08.2018.

Acórdão proferido no Recurso Extraordinário 958.252 https://redir.stf.jus.br/paginadorpub/paginador.jsp?docTP=TP&docID=750817537 (acessado em 07/08/2022).

https://www.tst.jus.br/-/construtoras-s%C3%A3o-condenadas-por-contratar-prestadoras-com-capital-social-inferior-ao-exigido-em-lei.

https://valor.globo.com/legislacao/noticia/2022/08/05/stf-suspende-modulacao-sobre-terceirizacao.ghtml.

https://www.migalhas.com.br/depeso/295664/reforma-trabalhista--grupo-economico--responsabilidade.